世界五千年
科技故事丛书

卢嘉锡题

世界五千年科技故事丛书

中国桥魂

茅以升的故事

丛书主编　管成学　赵骥民

编著　吴小平　刘海斌

吉林出版集团｜吉林科学技术出版社

图书在版编目（CIP）数据

中国桥魂：茅以升的故事 / 管成学，赵骥民主编.
-- 长春：吉林科学技术出版社，2012.10（2022.1 重印）
ISBN 978-7-5384-6144-2

Ⅰ. ① 中… Ⅱ. ① 管… ② 赵… Ⅲ. ① 茅以升（1896～1989）
－生平事迹－通俗读物 Ⅳ. ① K826.16-49

中国版本图书馆CIP数据核字（2012）第156346号

中国桥魂：茅以升的故事

主　　编	管成学　赵骥民	
出 版 人	宛　霞	
选题策划	张瑛琳	
责任编辑	张胜利	
封面设计	新华智品	
制　　版	长春美印图文设计有限公司	
开　　本	640mm×960mm　1 / 16	
字　　数	100千字	
印　　张	7.5	
版　　次	2012年10月第1版	
印　　次	2022年1月第4次印刷	

出　　版	吉林出版集团
	吉林科学技术出版社
发　　行	吉林科学技术出版社
地　　址	长春市净月区福祉大路 5788 号
邮　　编	130118

发行部电话 / 传真　0431-81629529　81629530　81629531
　　　　　　　　　　81629532　81629533　81629534

储运部电话　0431-86059116
编辑部电话　0431-81629518
网　　址　www.jlstp.net
印　　刷　北京一鑫印务有限责任公司

书　　号　ISBN 978-7-5384-6144-2
定　　价　33.00元
如有印装质量问题可寄出版社调换

序　言

十一届全国人大副委员长、中国科学院前院长、两院院士

（签名）

　　放眼21世纪，科学技术将以无法想象的速度迅猛发展，知识经济将全面崛起，国际竞争与合作将出现前所未有的激烈和广泛局面。在严峻的挑战面前，中华民族靠什么屹立于世界民族之林？靠人才，靠德、智、体、能、美全面发展的一代新人。今天的中小学生届时将要肩负起民族强盛的历史使命。为此，我们的知识界、出版界都应责无旁贷地多为他们提供丰富的精神养料。现在，一套大型的向广大青少年传播世界科学技术史知识的科普读物《世

界五千年科技故事丛书》出版面世了。

　　由中国科学院自然科学研究所、清华大学科技史暨古文献研究所、中国中医研究院医史文献研究所和温州师范学院、吉林省科普作家协会的同志们共同撰写的这套丛书，以世界五千年科学技术史为经，以各时代杰出的科技精英的科技创新活动作纬，勾画了世界科技发展的生动图景。作者着力于科学性与可读性相结合，思想性与趣味性相结合，历史性与时代性相结合，通过故事来讲述科学发现的真实历史条件和科学工作的艰苦性。本书中介绍了科学家们独立思考、敢于怀疑、勇于创新、百折不挠、求真务实的科学精神和他们在工作生活中宝贵的协作、友爱、宽容的人文精神。使青少年读者从科学家的故事中感受科学大师们的智慧、科学的思维方法和实验方法，受到有益的思想启迪。从有关人类重大科技活动的故事中，引起对人类社会发展重大问题的密切关注，全面地理解科学，树立正确的科学观，在知识经济时代理智地对待科学、对待社会、对待人生。阅读这套丛书是对课本的很好补充，是进行素质教育的理想读物。

　　读史使人明智。在历史的长河中，中华民族曾经创造了灿烂的科技文明，明代以前我国的科技一直处于世界领先地位，涌现出张衡、张仲景、祖冲之、僧一行、沈括、郭守敬、李时珍、徐光启、宋应星这样一批具有世界影响的科学家，而在近现代，中国具有世界级影响的科学家并不多，与我们这个有着13亿人口的泱泱大国并不相称，与世界先进科技水平相比较，在总体上我国的科技水平还存在着较大差距。当今世界各国都把科学技术视为推动社会发展的巨大动力，把培养科技创新人才当做提高创新能力的战略方针。我国也不失时机地确立了科技兴国战略，确立了全面实施素质教育，提高全民素质，培养适应21世纪需要的创新人才的战略决策。党的十六大又提出要形成全民学习、终身学习的学习型社会，形成比较完善的科技和文化创新体系。要全面建设小康社会，加快推进社会主义现代化建设，我们需要一代具有创新精神的人才，需要更多更伟大的科学家和工程技术人才。我真诚地希望这套丛书能激发青少年爱祖国、爱科学的热情，树立起献身科技事业的信念，努力拼搏，勇攀高峰，争当新世纪的优秀科技创新人才。

目　录

成长的足迹

一、诞生

1896年冬，长江之畔的古城镇江，天气已十分寒冷，但古城却似乎并未因此而丧失活力。熙熙攘攘的街道上，小贩们此起彼伏的叫卖声，戏园子里高亢而婉转的歌声，茶楼酒店溢出来的浓郁的酒肉香味，都奇妙地在空气中混成薰薰的一团，让人觉得这真是个繁华而又使人沉醉的城市。偶尔，人们也能从哄哄的嘈杂里听出轻轻的一两句："先生，小姐，行行好，给一点吧！"这是些可怜的乞丐在抓住机会行乞。转过街去，远处的码头上，一群群穿着褴褛的工人正紧张地搬运着货物，货物是什么呢？——镇江的特产：香醋、肴肉和酱菜。大货船载着沉甸甸的货物，往北走，沿着大运河可以一直到北京城；向西，逆长江而上就到了南京城；往东，顺着浩浩的长江走不到一天就出海了！

镇江，就位于这长江与大运河的交汇点。提起镇江，人们常想起《三国演义》中的"刘备甘露寺招亲"，《白蛇传》中"水漫金山"等历史故事和神话传说，甘露寺和金山都是江南著名的风景名胜。北宋科学家沈括晚年就选中了镇江这一山明水秀的地方，修筑自己的家园——梦溪园，在这里写出了举世闻名的科技著作——《梦溪笔谈》。

浩浩长江水，滋润着它流经的每一方土地，哺育着数不尽的长江儿女……

这年1月9日下午4时，当深冬太阳稀薄的温暖已逐渐在空中飘散之时，古城一个清静的小院中，蓦地传出了阵阵洪亮的啼哭声，一个新的生命，在大江温柔而深沉的涛声中诞生了！

新生的宁馨儿静静躺在摇篮里，他头发乌黑，天庭饱满，显得十分可爱，奇特的是，婴孩双手手心通红，大家看了都说这孩子以后会有福气。孩子祖父茅谦，是一位思想开明、富有远见的举人，摸着孩子通红的双手，沉吟着说："祖国已处于列强侵割，水深火热之中，每个炎黄子孙都应以救国为己任。孩子长大了，该于国于民有所贡献；也希望到那时，国家太平，人民幸福，那么，我们的孩子就叫'以升'吧！"

这个生下来手心通红的孩子，长大后成了我国杰出的桥梁专家——茅以升。

以升诞生10个月，为了他今后的成长，祖父茅谦决定举家迁往南京。祖父考虑到：南京为元朝古都（三国孙吴，东晋、南朝宋、齐、梁、陈，明朝初期都曾建都南京），自古以来就是个名人荟萃、群英云集的地方。文化积淀极为厚实，是江南文化教育中心。与南京相比，镇江毕竟气魄尚小，况且重商轻文的风气日益上扬，于以升日后求学大为不利。在南京，以升眼界开阔，也能得到更好的教育，更有助于孩子的发展。以升母亲韩石渠识字明理，她想：以前孟母为子而三择邻居，可见环境对人成长的重要。以升日后要成大器，从小就应该注意给他以一个好的环境。为了孩子，大人再辛苦也是值得的！就这样，茅以升一家10口离开了世代居住的老家——镇江，踏上了前往南京的航船。

二、学成于思

岁月荏苒，一转眼，以升已在南京度过了6年。是该上学的年龄啦，父亲茅乃登把他送进了蒙馆学习。蒙馆主要进行识字、写字、封建伦理道德的教育，教材有《蒙学》《三字经》《千字文》《大学》《中庸》《论语》《孟子》等，学习的方法是什么呢？很简单，就是背书。老师教完一段，就让学生背诵，自己手里拿根又大又长的戒尺，踱来踱去地听，学生要是背不出来，就瞪着眼睛用戒尺"啪啪"地打他们的手心。天天背艰涩难懂的古文，对天性活泼好动的小以升来说，无疑是件苦差事。往往背着背着，他就会抬头朝窗外望去，朵朵白云在蓝蓝的天空中飘来飘去，一会儿变成一只绵羊，一会儿又变成一只老虎奇妙极了！偶尔，一行大雁飞过，他就总是纳闷：为什么大雁要排成一个"人"字飞呢？院子里，梧桐叶黄了，落了，一片一片在风中轻盈地荡漾，他也想：为什么草木一到秋天就会凋零呢？有时，他趴在树根下，看蚂蚁忙忙碌碌地搬家，直到伙伴喊"上课了！上课了！"他才恋恋不舍地跑开。这个世界上，一切都那么新奇，它总那么强烈地引起小以升的兴趣，使他不停地去观察、思索……

　　每年元宵节，南京城总是热闹非凡，白天的庙会车水马龙，晚上的灯会更是人山人海。一到傍晚，家家户户门口都点起花灯。这些花灯，造型各异，有方形的，有圆形的，有菱形的；绘图精彩，有嫦娥奔月、八仙过海、水底龙宫，形神毕肖，栩栩如生。各种各样的花灯，亮起红的、绿的、橙的、蓝的光，交织着、蕴染着，形成了一个七彩迷离、玲珑剔透的欢乐世界！正如古诗词中所描绘的："东风夜放花千树，更吹落，星如雨，宝马雕车香满路。凤箫声动，玉壶光转，一夜鱼龙舞。"

以升手里提着一盏小宫灯，也跟着大家出来逛街。他走啊看啊，被那些能工巧匠们制作的精美花灯给深深地吸引住了，他仿佛来到了神话中的天宫，看不过来，记不过来，也赞美不过来……忽然，一盏走马灯引起了以升的兴趣：走马灯里，有个能转动的小轮子，轮子四周，粘着彩色的纸人、纸马，轮子底下放着根蜡烛，把蜡烛点着，轮子就能带着纸人、纸马旋转起来。"为什么一点蜡烛，纸人、纸马就会转动呢？"这个问题把以升给难住了！他一动不动地盯着走马灯，一副苦思冥想的样子。父亲见状，告诉他：这是因为燃烧的蜡烛产生了热气，热气上升，引起灯内空气的流动，就推动着纸人纸马转起来了！"噢，原来是这样！"

以升恍然大悟，他马上又想到："如果在轮子下点两支蜡烛，热空气多了，走马灯是不是要走得快些呢？"父亲见以升对走马灯感兴趣，就给买了一个孙悟空偷吃蟠桃灯。以升提着灯，一溜烟跑回家，立刻又找了一支蜡烛点上。果然，里面的孙悟空越转越快，简直要飞起来了！"噢，成功了！"以升兴奋地跳起来，红红的走马灯映着他圆圆的小脸，仿佛是个熟透的苹果。灯里头的孙悟空，也似乎正朝他微笑呢！

　　秦淮河是南京名胜之一，它长100多千米，流经南京入长江。自古以来，秦淮河两岸都是南京城的繁华地带，绿窗朱户映着河中舟楫如云，素有"元朝金粉"、"十里秦淮"之称。每年端午节，秦淮河上举行的龙舟赛，是南京城的一大盛事。这天，南京城的男女老少，都齐聚秦淮河两岸，目睹龙舟健儿一展身手，此时，河中锣鼓喧天，岸上欢声笑语，煞是热闹。1905年端午节马上要到了，9岁的以升早就和朋友们商量好，这一天要到秦淮河的文德桥上看龙舟赛去。谁知就在端午节前一天夜里，以升突然胃痛起来，他捂着肚子，直冒冷汗，一夜也不得安稳，第二天文德桥当然也没去成。中午，正当他躲在床上出神地想着龙舟赛的热闹场景时，几个去玩的同学却慌慌张张跑回来了，见着茅以升，劈头一句话就是："幸好你没去，去的话，说不定就掉在河里给淹死了！"以升大吃一惊，发生什么事啦？原来，由于文德桥造得不好，在今天人挤的情况下，桥栏杆断了还不算，桥面板也突然塌陷，结果许多人当场掉进河里，他的一个同学也险些遭难，现在还有人哭哭啼啼往家里抬尸体呢！以升听了很是愤慨：是谁这么无能，竟造出这么低劣的桥来！

过了两天，以升和同学顶着毛毛细雨来到倒塌的文德桥看个究竟。眼前是一派破落景象：桥面塌下去了，露出砌得松散的泥石，桥栏杆东倒西歪，桥边没别的人，只有一些不知名的小花在风中瑟瑟颤抖。以升静静地站着，任寒风夹着细雨打湿脸颊，几天前那悲惨的一幕似乎浮现在自己眼前：人们在哭喊，在挣扎……这还只是南京城一条小河上的桥，中国有这么多大江大河，如果架在上面的桥都不过关，那后果该有多么严重！想到这，以升不禁握紧了拳头，暗下决心：将来我如果造桥，就一定不会造得像文德桥！

回家后，以升不声不响地到祖父的书房去翻祖父写的那本《水利刍议》，那上面有"古今水利情势及治理条议"、"开江论"、"导淮入江论"、"治运河连带淮湖利说"等文章，以升尽管看不大懂，却还是认真地翻着、翻着……忽然，一只温暖的大手放在以升的头上，原来是祖父站在了他的背后，祖父让以升坐下，告诉他："我小时候因为目睹水灾而立志兴修水利，壮年时我远游河北、河南、安徽、湖北时，就考察过黄河、长江、淮河、洞庭湖，晚年时我在江苏、广东参加了一些治水工作，并且写了这本《水利刍议》。期盼能对国家的水利事业有所贡献。在一生的事业中，我感到要把水治好，兴建桥梁是一个重要的方面，它大有可为。而一个人从小立志，确定奋斗目标是件十分重要的事，它值得一个人为之奋斗终生。"末了，祖父语重心长地说："以升，你有志造大桥固然好，但现在更重要的是努力学习，打好基础，今后方能有所作为，否则一切都将流于空想。"祖父的话，像铅字一样，深深地印在了茅以升的心坎上。

从那以后，以升对建桥发生了浓厚的兴趣。每到一地，看见有桥，他总是情不自禁地要把这座桥仔仔细细地琢磨一番：从造桥的原料到桥的造型乃至桥上的雕塑，他都要想一想，并且努力地把它记下来，这为他以后走上桥梁专业的学习提供了一个良好的开端。

三、小荷才露尖尖角

以升认真读书，进步很快。10岁那一年，还在上小学三年级的茅以升考上了江南中等商业学堂，学堂的课程有数学、物理、历史、地理，还有英文、法文等外语课，学校设备齐全，学生全部实行住宿制，这是当时全中国最好的新型中学，教茅以升历史的竟是中国大名鼎鼎的历史学家柳治徵先生。在这样的情况下，大家都夸茅以升聪明，长大后一定会有出息，以升听着，心里真是得意。

一天，一位客人到家里来拜访以升的二叔。以升见有客人来了，就沏了一杯茶，恭恭敬敬地送给客人。客人见小以升长得眉清目秀，不禁夸以升聪明懂事，当他了解到以升还是小学三年级学生就考上了江南中等商业学堂时，更是连连称赞以升将来一定了不起，会光宗耀祖。以升在边上，嘴里不说，心中乐滋滋地比吃了蜜还甜。不料二叔看了以升一眼，轻描淡写地说道："他还只是个娃娃，样样都还不行，谈出息还差得远呢！"

"什么？我还是个娃娃，样样不行！"以升还从来没听过长辈在别人面前这么说自己呢！他觉得二叔太看不起自己了，这一委屈，眼泪就直在眼眶里打转转了。

　　回到房里，以升气愤愤地想：你说我不行，我就非干出个样子来让你看看行不行！一连两个星期，以升不但不出去玩，每天除去吃三顿饭外，就关在房里不见人，一股脑儿地看书。他不仅看课本，也翻一些介绍先进思想和先进科技的书如《海国图志》、《天演论》等，这些书大大开阔了他的眼界。短短十几天里，以升深深地感觉到：世界上原来还有这么多东西等待自己去学习，他只恨自己不能长出三头六臂，把这些知识给早点掌握！家中的长辈看着以升的变化都很惊奇，又都暗暗地为他的倔劲和进步感到高兴。

　　20多年后，茅以升担任唐山工程学院的院长，而他的二叔则恰好在这所学院担任国文教员。人生就是这么富有戏剧性，年轻的侄子竟成了叔叔的上级。一次，叔侄俩茶余闲谈，茅以升动情地说："二叔，要不是你当初一番话对我的激励，我可能远达不到今天这一步呢！""哦，是吗？那我可得好好研究研究激将法对青少年成长的作用了！"说到这，叔侄俩不禁会心地相视而笑。

进入江南中等商业学堂后，以升学习非常刻苦。每天清晨，总是他第一个静悄悄地从宿舍出来，到教室晨诵，不久，他的英文和法文就能达到借助工具书阅读一些外文书籍的水准了，他读了《沙氏乐府故事》《鲁宾逊漂流记》《双雄较剑录》等大量外国文学名著。暑假的时候，南京城内酷暑逼人。坐着不动往往也出一身大汗，但以升却把自己关在屋子里，潜心阅读古文和练习书法。他学书法很善于领悟原帖的神韵，每临帖前，他总是先细细揣摩从这一笔到那一笔是怎样起承转合，从这一个字到那一个字是怎样前后呼应。整个篇章作者寄寓的是什么样的感情，追求的什么样的风格，他都不放过，直到一闭上眼睛，每一笔、每个字，每一篇似乎都在脑子里浮动起来了，他才提笔落墨，他的字既有柳公权的严谨和端庄，又有王羲之的流畅和飘逸，很得大家的赞赏。一个暑期下来，以升可以背上百篇诗歌和十几篇古文了，通过这种训练，他不仅锻炼了自己的记忆力，更重要的是，中国优秀传统文化的浸染，陶冶了他的情操，使他在今后的人生道路上始终保持着正直的品格和高尚的情趣，这对于他以后从事科普创作，也提供了宝贵的经验和财富。

以升沉溺于书籍，但他天性活泼好动，并不是一个迂讷、弱不禁风的书呆子，他深知一副强健的体魄对于一个有志于成大器的人的重要性。因此，课余时间，他总是积极参加各种体育活动。以升特别喜欢踢足球，他身材矮小但跑动灵活，控球的能力很强，尤其是临门一脚出色，每次踢球，同学总是让他踢前锋，亲切地称他为"射手"。喜欢体育运动成了茅以升的一大嗜好，一直保持到老。

坚持冷水浴，也使以升受益匪浅。他坚持每天清晨用冷水洗脸，午后进行冷水浴，无论是三九严冬，还是盛夏酷暑，他都坚行不辍，以此磨炼自己的意志。冷水浴使得茅以升在漫长的科研、社会活动中，始终保持旺盛的精力，身心健康，极少生病。在他85岁那年，还坚持冷水浴，引起来访的日本朋友的极大兴趣，大家无不对茅以升的健康体魄和顽强毅力啧啧称奇，回国后他们在日本杂志上报道了茅以升的健身之道，称之为"茅氏冷水浴法"。

1911年7月，以升15岁，在江南中等商业学堂毕业了。是继续读书深造，还是从此踏上社会，参加工作？这种人生选择摆在了每一个毕业生的面前。以升有的同学在官府当了职员，有的去了银行，有的则自己经商。以升经过一段时期的静心思考，认定自己必须北上求学，进一步学好知识本领，以期将来对国家能有更多贡献。他在毕业日记上写下了自己的感想："上小学时我就立志要在家乡的秦淮河上造一座千古不朽的大石桥。升入中学后，我得知中国杰出的爱国工程师——詹天佑，就是在少年时到美国留学的。他学成回国后就在从北京到张家口的峭壁悬崖上建成了第一条完全由中国工程技术人员设计、施工的铁路——京张铁路，其设计之完善、工程之艰难、施工之高超为世界少见，以至于那些开始叫嚣'会修京张铁路的中国工程师还没出世'的外国人也不得不由衷佩服，称赞这是世界一流的工程。自己曾立志为国家造桥，就应当把目光放长远，以詹天佑为榜样，争取留学深造，掌握高新技术方能实现自己的抱负。千里之行，始于足下，现在北京的清华学堂正招收留美预备生，我应该抓住机会。马上北上投考……"

以升把自己的想法跟家中长辈说了，大家都很支持，母亲韩石渠虽然在感情上对年仅15岁的孩子要远离自己感到难以割舍，但想到这是儿子一辈子的大事，关系到以升今后的发展，还是毅然为儿子细细地打点了行装，送儿子启程。

1911年7月30日，怀着对未来的憧憬，以升和好友裴荣一起挥手告别了生于斯长于斯的故乡南京，北上投考，不巧当他们风尘仆仆地赶到清华学堂留美预备生考场时，考试却早已完毕并且出榜了。怎么办？北京已没有其他招考的学校了，茅以升沉思了一会儿，果断地说："裴荣，我们赶去唐山路矿学堂投考还来得及。路矿学堂是'京奉'铁路局与'开渠'矿务局于1905年联合创办的，校长赵仕北是孙中山先生的同学，器重人才，治校有方，在教育界有很高威望。我们如果考上路矿学堂，相信是能学到不少本领的。"于是，两个伙伴打了火车票，星夜赶往设在天津的唐山路矿学堂考场。第二天，他们匆忙报名应试，由于平时功课学得扎实，尽管旅途辛劳，都通过了考试，双双被录取了。

那一年，以升15岁，是唐山路矿学堂有史以来年龄最小的大学生。

大学生涯

一、路矿学堂展风采

大学生活是严肃紧张而又丰富多彩的。

茅以升求学时，正值国家危难多事之秋。统治中国200余年的清政府对外丧权辱国，对内横征暴敛，民心丧失殆尽，已走到了它的末路。以孙中山为代表的革命党人为争取中华民族的独立富强，进行了前仆后继的斗争。终于，1911年10月10日，武昌起义爆发。在如火如荼的革命风暴中，清朝统治土崩瓦解。1912年元旦，孙中山在南京宣誓就职临时大总统，"中华民国"正式成立，它意味着两千多年的中国封建帝制从此终结，中国建立了历史上第一个资产阶级政权。这时，以升来到唐山读书才3个月。

革命很快波及唐山，路矿学堂宣布停课，具有民主思想的学生们走出课堂，齐声高呼："驱除鞑虏，恢复中华！"以升也特别激动，他在自己写满字的稿纸上写下了一句诗："碧血洒沃土，浇灌胜利花。"学校停课后，同学们或回家或参加革命军，对于渴望为民族独立自由奉献青春的茅以升来说，也面临着两种选择：革命已在进行，我是该效法祖逖投笔从戎呢还是继续念书？同乡好友裴荣已弃学到南京参加了革命军，同窗好友杨杏佛，原系同盟会会员，也在南京总统府秘书处任收发组组长。他俩不约而同地写信给茅以升，邀请他到南京投身革命，共图民族之伟业。风华正茂的茅以升接信后不禁热血沸腾，恨不能插翅飞往南京。当下，他给母亲修书一封，表明自己参加革命的打算。母亲回信很迅速，出乎以升意料之外，信上说：

升儿：

信已收悉。投笔从戎，志向可嘉。但你比裴荣小两岁，比杏佛小三岁，尚未到参军年龄。你更不能与父亲、二叔相比，两位前辈年富力强，正应投身革命。再者，你学识甚浅，学无基础，纵有满腔报国热情，也不济事。要取得真才实学，真有学识，报国始有方。你现在仍须安下心来，继续读书为好……

以升看后，很不服气，又马上给母亲去函，表示自己意愿已定，请父母多加谅解等。不料这次母亲回信的口吻却是严厉异常："如离开学校，则不以你为子！"以升得信后深为震动，不免寝食难安。他终于决心发愤读书，一定掌握一技之长，学到毕业。然而，在他内心里，却始终疑虑重重：革命的当务之急是需要青年参军作战，自己今后只学架桥筑路，革命需要吗？

1913年秋，一个令人振奋的消息传遍了唐山路矿学堂——"孙中山先生要来学校视察了！"师生人人喜笑颜开，兴高采烈，人们都把孙中山先生——中国革命的先行者到学校参观，当做自己的莫大光荣。这天上午，灿烂的阳光像风一样飘洒在校园，枫树的叶子红了，沉醉得如胭脂一般亮泽，整个唐山路矿学堂，显得分外的静谧和美丽。人们都穿戴得整整齐齐，等待着中山先生的到来。

　　在师生热烈的掌声中，孙中山先生由赵仕北校长陪同，走上大礼堂的讲台，向全校师生发表演讲。他指出：国民革命军需要两支大军：一支是武装起义的大军，它要打倒专制的清政府，建立起人民的国家；另一支是建设的大军，它要向西方学习先进的科学技术，彻底改变我国贫穷落后的面貌。他强调说：我国要办工厂，开矿山，实行大机器生产……凡此种种，都离不开交通运输，中国要富强，仅交通开发一项，就要修10万英里铁路（约合16万千米），100万英里（约合160万千米）公路。

同学们在路矿学堂学习采矿、筑路、造桥，也是为革命，希望大家努力向前，蔚为国学，承担起历史重任……孙中山先生的演说，如春风化雨，彻底消除了茅以升心头长久的疑虑："是啊，筑路造桥，也是为革命，也是为了民族的振兴！"

中山先生演讲之后，与路矿学堂的全体师生合影留念。作为学生代表，茅以升就站在这位伟人的身边，他心里既感到有些紧张又觉得无比的光荣，他暗下决心："自己一定要努力钻研，掌握最先进的造桥技术，学成报国。"

正如在思益学堂，茅以升碰到了良师柳治徵先生一样，在路矿学堂读书期间，对茅以升影响最大的老师是罗忠忱教授。罗教授是福建闽侯人，早年毕业于美国康奈尔大学土木工程系，获土木工程师学位。回国后，他在唐山工学院教书，任教授、校长等职达50年之久，为国家造就了大批工程技术方面的人才。

当时罗教授讲授材料力学、应用力学等基础

理论课，他采用美国工程大学课本作为授课课本，注重启发学生思路，用语简练而富有逻辑性，深得学生好评。罗忠忱对学生要求极为严格，经常进行随机性的课堂测试，规定时间内必须交卷，否则以零分计。计算题的答案规定取三位有效数字，用计算尺计算只准第三位数有误差，否则也以零分计。

一次，以升答卷时因一有效数字取错，而导致扣了许多分。以升接过试卷后，看到只因为这点小错而成绩比同学低了很多，心中很有些不以为然："这不是小题大做吗？"

罗教授看出了以升的情绪，下课时，他让以升到他简朴的房中，语重心长地说："以升，你立志造桥，学业优良，当知我之用心。搞工程设计，关系国计民生，一点马虎也不能有，失之毫厘，谬之千里，一个数字的失误就能导致整个工程建筑的失败。你常说小时候看到南京秦淮河上文德桥倒塌，你想想：这是否与建造时的草率有关？因此，你求学时就要注意养成严谨细致的习惯，从点滴做起，日后方能有所成就呀！"

以升听罢，面红耳赤，对老师的敬佩之情不觉又深了一层。此后，凡是考试，他都要把计算的数字多取一位，以求精确。

罗教授不仅对学生严，对自己的亲人更严。罗教授有个侄儿在路矿学堂读书，因考试只得59分，罗教授就毫不留情地将他留级一年，当此事传出后，师生莫不竖起大拇指说："罗忠忱教授真严师也！"

后来，茅以升在美国获得工学博士学位，罗教授亲笔写信邀请茅以升回母校任教。茅以升与导师共事多年，更加深切地感到罗教授为人的高尚：生活简朴、律己必严，待人必宽，工作兢兢业业，50年如一日，实是为人师表。罗教授对茅以升一生影响极大，新中国成立后，茅以升功成名就后，每到唐山必拜访罗教授，将其视为终身楷模。1972年，罗教授逝世于唐山铁道学院，享年92岁，在罗教授的追悼会上，茅以升撰了一副挽联献给恩师：

"建侯师座千古：从学为严师，相知如契友，犹记隔海传书，为促归舟虚左待；无意求闻达，有功在树人，此日高山仰止，长怀遗范悼恩深。受业茅以升敬挽。"

在平时的学习中，茅以升也有着一群志同道合的朋友。在这之中，对茅以升影响最大的是李乐知。李乐知（1892—1963），福州人，他与以升同时考进唐山路矿学堂，出于对数学的共同兴趣，他和茅以升经常一起共同钻研，切磋学艺，成为好朋友。茅以升的祖父茅谦是数学爱好者，收藏了大量数学书籍。于是，在放假时，李乐知就常在茅以升的南京家中住一段时间，孜孜不倦地阅读数学书籍。两位好朋友在学习上共同促进，在生活上互相关心，结成了深厚的友谊。但由于李乐知家境贫寒，交纳不起学费，李乐知仅在唐山路矿学堂读书一年，就被迫离开了学校。李乐知离校后，到陇海铁路线上参加工作，他刻苦勤奋，坚持自学，茅以升也经常与他书信来往，并尽自己所能加以资助。

李乐知忘我工作、学习，从助理工程师、工程师、副总工程师，最后任陇海铁路总工程师，为中国人民建造从兰州经陕西、河南到江苏连云港的铁路，这条铁路与后来的兰新铁路连接，成为长达4 000余千米横贯中国东西的交通大动脉。1955年，李乐知担任中国科学院科学史研究所所长，凭借对数学的深厚学识，他陆续写出了《中国数学史》《中国算学史》《十三、四世纪中国民间数学》《中国数学大纲》《计算尺发展史》等一系列专著，成为一名著名的数学史专家。1963年1月14日，李乐知不幸在北京逝世，享年72岁，留下遗嘱将自己50余年购买的书籍全部赠给中国科学完。在其追悼会上，茅以升代表北京科技界向自己的挚友致悼词，他认为：李乐知锲而不舍，自学成才的精神，是后人永远学习的榜样。

对于在唐山路矿学堂的经历，茅以升总是感慨万分，晚年时他曾这样回忆："引路是成功的前奏曲，我在少年时代，治学是罗忠忱教授引路，而自学乃是由李乐知友引路，良师益友，使我受益良多，实为人生之大幸。"

青春的年华，是人一生中美丽的时光。它就像那朝日辉映的山岚，清新而动人，已是一幅有着无穷天地的风景，等待着你去做最诗意的描绘。

在大学的5年间，茅以升的勤奋、刻苦在学校出了名，师生有口皆碑。

每天清晨，茅以升6点准时起床，跑步锻炼后即进行晨诵，中午他不休息，晚上11点就寝。茅以升认为：严格有序的作息生活习惯是保持良好学习状态的前提。学习上，他也有周密的安排，每个学期、每个月，甚至每一天要做什么，有哪些学习任务，以升都心中有数。路矿学堂的老师都是用英语授课，课本是老师自编的讲义，因此，学生必须自己整理笔记，课后还必须翻阅大量参考书，才能彻底掌握老师所授内容。唐山路矿学堂的考试相当频繁，有月考、学期考、学年考及任课老师的随堂测试，有时，一天要考好几门功课。一些同学由于学习方法不当，往往疲于奔命，而茅以升每次考试总是胸有成竹，轻松过关。5年来，茅以升的学习成绩蝉联第一，总平均分数达到92.5分，这在唐院的历史上是罕见的。"宝剑锋从磨砺出，梅花香自苦寒来"，为取得好成绩，茅以升付出了艰辛的汗水，5年里，他做了200本笔记，近900多万字，摆起来有3米多高，即使是每天抄写4 000字，光抄完这些笔记，就要7年多时间！

1916年7月，北洋政府教育部在全国进行工科大学的教学质量评估，唐山路矿学堂被评为第一名。在第一名的大学里，茅以升成绩名列榜首。在毕业考试卷上，他不仅做完了必答题，而且还完成了选答题。面对这张卷面整洁、演算清晰、答案准确的试卷，阅卷老师极为兴奋，破例给了满分120分。这张120分的试卷学校一直珍藏下来。新中国成立后，唐山工学院（即前唐山路矿学堂）庆祝建校50周年时，特地展出了这份卷子，面对这份精彩的答卷，来宾们无不交口称赞。

二、拼搏在异乡

毕业后，茅以升以第一名的成绩考取了清华学堂留美官费研究生，将到康奈尔大学留学。

1916年9月一个风和日丽的日子，汽笛一声长鸣，20岁的茅以升与其他9名风华正茂的青年登上中华号远洋客轮，离开朝夕相处的故土，驾长风破万里浪，横渡太平洋到美国去留学。

到达康奈尔大学之前，茅以升参观了檀香山孙中山先生的母校——约拉尼学校及美国西部海岸城市旧金山的唐人街，中山先生的奋斗事迹和在美华人的艰难境遇无不激起茅以升强烈的民族自尊心：当务之急是要学有所成，回去努力建设祖国，为中华屹立于世界民族之林而尽绵薄之力！

康奈尔大学在世界上享有盛誉，它位于纽约州东部的伊萨卡城，校园依山傍水，绿树成荫，芳草遍地，鲜花竞妍，风景十分秀丽。学校的建筑呈现出一种古色古香的风格，以钟塔为中心，错落有致地分布着教堂、图书馆和教学楼，三三两两的人们漫步在校园里，更显出校园的宁静。

茅以升到校后，首先要到学校注册处去报到。注册处主任看着这位年轻的小伙子，对他说："唐山路矿学堂的学生以前从来没在康奈尔大学留学，按规定，必须考试，合格后你才能注册。"茅以升冲主任微微一笑，点点头说："行，那就安排我考吧。"考试结果下来，以升的成绩令教授们大吃一惊，他比学校最优秀学生的分数还高。桥梁系主任贾克贝先生把所著书籍亲自送给茅以升，并对他说："Mr.茅，以后有困难就找我吧，请不要客气。"在这位著名工程专家的悉心指导下，经过不懈努力，茅以升的学业取得了突飞猛进的进展。1917年，茅以升已念完了全部课程，取得了硕士毕业所需的所有学分，校方通知他，他已完成学业，可以参加毕业典礼的仪式。就这样，通过艰苦拼搏，茅以升仅用一年多时间就完成了别人通常要3—5年时间才能完成的学业。在毕业典礼上，白发苍苍的校长把亲笔签名的硕士文凭授予茅以升，并郑重宣布："今后凡是唐山路矿学堂学生到唐奈尔做研究生，一律予以免试入学。"茅以升以辛勤的汗水，证实了中国人的聪明和智慧，为母校争得了极大的荣誉。从此，唐山路矿学堂的学生源源不断地来到康奈尔，从这里走出了不少国内科学界、工程学界知名的专家学者。

在康奈尔学习之时，茅以升还结识不少中国留学生，其中就有他在唐山路矿学堂时的好友杨杏佛。杨杏佛参加革命后，遵照孙中山先生的指示，于1912年赴美留学，攻读机械专业，为将来中国机械工业的发展引进技术。在伊萨卡城，杨杏佛与竺可桢、任鸿隽、胡明复、赵元任、周仁、章元善等共同发起组织了一个自然科学团体——中国科学社，每月出版《科学》杂志，茅以升也参加了中国科学社，积极进行各项活动。1917年4月，《科学》杂志发表了茅以升的论文《中国圆周率略史》，文章通过对史料的翔实考证，阐述了中国人求算圆周率的历史进程，科学地证明了中国是最早确切知道圆周率科学内容的国家，而祖冲之则是世界上最早把圆周率计算到小数点后7位的人。1917年，茅以升、罗英、陈体诚又在伊萨卡城组织了中国工程学会，出版月刊《工程学会》。中国科学社和中国工程学会，这两个科学团体，聚集了当时中国留美的科技精英，可谓群英荟萃，众星闪烁，他们中的绝大部分人，日后都成为中国科学界、工程学界的栋梁之材，为中国近代科学写下了光辉而灿烂的篇章。

1917年7月，按照贾克贝教授"搞桥梁工程光有理论不行，必须有实际经验"的意见，茅以升到匹兹堡桥梁公司进行为期长达17个月的实习。实习工作异常紧张与辛苦，茅以升穿上满是油污的工作服，跟着工人成天做桥梁钢架、打铆钉、刷油漆……正是在这种一点一滴的实践里，茅以升学会了测绘、木工、油工、工程管理等全部造桥实用技术。而在工作中，茅以升也越发觉察到自己理论方面——桥梁力学的不足。因而，当匹兹堡加理基工学院桥梁系招收夜校学生，并设有工学博士学位的消息传出后，他立刻前往报考，从此，开始了他繁忙的学习、工作生活。

每天早晨6点，茅以升赶去上班，下午5点回到自己的宿舍，7点钟茅以升又得去上夜大。他选了3门功课，桥梁、高等数学、科学管理，此外还得学习法语。时间对于这位年轻人来说是如此宝贵，所有能用上的分分秒秒他都用上了。在往桥梁公司、夜校的公共汽车上，他心无旁骛，抓紧背诵外语单词，在机器轰鸣的工地，只要一进入休息时间，茅以升就能从袋里掏出一本书沉浸到学习中去，晚上，从夜校回来后，他还得复习、预习功课，直到深夜才能入睡。他的房间里，床上、桌上、地板上，堆满了书，甚至墙壁上也挂满了工程图，显得拥挤不堪。这是一个书的世界，这是一个智慧的世界，这是一个向自我极限挑战的世界。

1918年12月，茅以升终于修完了全部博士学位学分，开始进入博士论文的撰写阶段。他博士论文选题为《框架结构的次应力》，论文涉及结构力学问题，对建筑、桥梁工程有重大的实际运用价值。正当茅以升为论文完成奋力拼搏之际，意想不到的困难却纷至沓来。1919年8月，他的官费留学期满，按规定，政府将不再提供其学习、生活费用，茅以升只能依靠在桥梁公司实习时的工钱来维持生活；与此同时，祖父茅谦不幸逝世，父亲因国内政局动荡而失业，妻子与不满4岁的儿子的生活也失去了保障。内忧外患一起袭来，茅以升不禁忧心如焚，他甚至曾经设想过：早日动身回国，谋一份好职业，承担起养家糊口的重任……在此情况下，母亲和妻子在信中却一再表示：吃得苦中苦，方为人上人。要成就一番大事业，必当忍常人不能忍之忍，希望他一定要完成博士论文，学成报国，方不负大家之厚望。面对家人的殷殷嘱托，茅以升热泪盈眶。他毅然辞去了桥梁公司的实习工作，全力以赴地投入论文写作。

　　1919年12月，经过近一年呕心沥血的奋斗，茅以升的博士论文终于完成了！这篇题为《框架结构的次应力》的长达30万字的论文，系统论述了当时关于次应力6种演算方法的优劣，通过对次应力产生过程的演绎推论，给出了对次应力的科学计算方法及框架结构的最优设计方案。在论文答辩会上，加理基工学院桥梁系及理工科教授都来到了考场，参加了这个庄严的加理基工学院历史上首次工科博士论文答辩会。会场上，严格的教授们提了一个又一个问题，茅以升无不对答如流。最后，教授们一致举手，通过茅以升的答辩，认为他的论文提纲契领地阐释了桥梁结构的次应力问题，发前人之所未发，充分体现了一个优秀的工程师在工程设计方面的卓越能力，达到了当时的世界水平。

茅以升的论文一经发表，立刻引起了国际土木工程界的轰动。贾克贝教授及一些知名学者纷纷予以高度评价，称该论文的科学创作为"茅氏定律"，美国的各大报也登载了这些消息。茅以升以自己艰苦卓绝的工作，为祖国赢得了非凡的荣誉！

直到1936年，在茅以升之后，加理基工学院还没有第二个工学博士。茅以升出名了，立即，好几家大型工程公司向茅以升发出聘书，许以丰厚的薪水和高职，但茅以升不为所动："我的根在中国，我来这儿学习，为的只是科学救国。"他毅然打点行装准备回国。

1919年12月，茅以升乘坐"皇后"号轮船，于1920年初回到了阔别多年的祖国。亲朋好友一起到上海港迎接他，久别重逢，感情分外热烈，面对大家的赞誉，茅以升深情地知道：未来的道路，绝不仅仅只是鲜花和掌声，它同样充满曲折和艰辛，因为，自己所从事的事业在祖国还处于起步阶段，新的征程又要开始了！

育英才桃李满天下

一、走上讲台的茅以升

回国后不久，茅以升即接受唐山交通大学的邀请，回到母校教书。这一年，他24岁，是当时国内最年轻的工科教授，从此，茅以升开始了他30多年的教育生涯。在这30多年中，茅以升先后担任过交通大学唐山学校副主任、教授；南京东南大学工科主任、教授；河海工科大学校长、教授；天津北洋工学院院长、教授；北京中国交通大学校长等职，为国家培养了数不尽的人才，真可谓"辛勤作园丁，桃李满天下"。

在唐山交通大学，茅以升讲授结构力学、土壤力学、桥梁设计、土木建筑等课程，教学任务十分繁重，最多时曾达到每周授课时数达20小时。在长期教学实践中，茅以升逐渐发现了传统学校教育在培养人才方面存在许多弊端：老师在课堂上采用的是填鸭式教学，学生的独立见解、创造性想象难以得到培养，老师讲、学生听的授课方式，使得师生间缺乏交流，老师对学生难以因材施教，自己教学中存在的问题也难以及时改正，传统教学使学生缺乏实践锻炼机会，难以把书本与实践相结合，因而限制了对理论掌握的深入。茅以升决心利用自己的学识，向旧的教学模式进行挑战。

最先，茅以升采取了学生考先生的方法。每上课时，他都指定一名学生针对上节课的内容提一个问题让先生作答，视问题的水平高低给予学生相应的成绩，如果先生不能当场作答，则给学生满分。茅以升通过这种方式，既检验了学生对功课的掌握程度，又启发学生思维的创造性，收效良好。1932年，茅以升在南京东南大学任工科主任时，又推广"学分制"。学生可以自由选课，修完一定专业学分就可毕业。茅以升开的课，每次教室都爆满，连走廊上、窗台上都坐满了学生。著名教育家陶行知先生曾亲自带领教育系学生来听茅以升的课，并深有感触地说："这种教学方法，开国内风气之先，值得大力推广。"

茅以升的教学改革，获得了师生们的一致称赞，迅速在全国高校推广，取得了良好的教学效果。多年以后，茅以升的学生，太原工学院教授、中国大百科全书《环境物理》副主编陈绎勤先生提及当年茅老师授课的情形，还记忆犹新。

"他在课堂上讲课，深入浅出、循循善诱，耐心地详细的解答我们在学习中所遇到的困难问题，使我们感到非常亲切。同学们都认为，听他讲课是最大的享受。我们所用的教材，是当时国际上著名工科大学所用的教材。他把课讲活了，讲得非常简明扼要，从不讲废话，在课堂的黑板上，写的板书整齐有序，边讲边画图，使我们对桥梁结构的应用力学分析，了解得一清二楚。在每次课讲完之后，他都把下一次要讲的内容预先告诉大家，使同学们课前预习，然后在上课听讲时，就能对自己预习中遇到的难点得到解答。因此，我们对以上三门课学得特别扎实。这种教学方法实在好。当时我们是土木系本科三年级学生，但四年级同学一听说茅以升老师来给我们班讲课，都争先恐后地自带凳子到我们教室来，坐到教室后边听课，本来这些课程在一年以前，由别的教授给他们讲过，但因为茅老师讲课特别好，所以他们又到我们班上来重复学习，并且对我们说：你们班有茅老师讲课，真是太幸运了！由于四年级同学也来听课，所以教室里总是挤得满满的，但课堂的秩序却特别好，只能听得见茅老师的讲课声和他用粉笔在黑板上写字的声音，同学们思想高度集中，唯恐漏掉老师所讲的某一句话，我们边听边做笔记，没有一个学生说话。"

二、习而学的工程教育

1926年，茅以升在上海交大30周年纪念刊和《工程》杂志发表题为《工程教师之研究》的论文。在这篇论文中，茅以升提出要从实际出发，从招生、学制、课程、教授、实习、工作等方面进行一系列的改革，建立起符合我国国情的工程教育制度。

茅以升是这样设想的。在工程教学中，他也力图把自己的教育理想贯穿到实践中去。在为桥梁系学生安排的课程之中，他是这样规定的：大学入校新生，必须先到桥梁工地进行为期半年的实习，从最简单的打桩、挖土等基本工作学习，逐步过渡到桥址测量、地质调查、描图计算等较为有技术的工程实践，第二个学期才系统学习工程力学，河工学、土壤学等专业基础理论；以后，学生在每个学年的第一个学期，都是在现场实习，强化实践能力，第二个学期则返回学校进行理论学习。对于每一学年结束后，学生应达到的专业技术能力，茅以升都做了明确要求：第一、二、三年级的学生为学习技术员，能够完成沉箱工程、气压沉箱工程、钢梁制造等任务；四年级的学生则应达到技术员的水准，能进行绘制桥墩设计图、绘制钢梁设计图、桥梁修理、桥梁加固等工程施工了。

为给学生们提供足够的学习锻炼机会，茅以升想方设法为学生寻找实践工地。1935年，茅以升主持设计修建钱塘江大桥，利用这个机会，他及时地让同学们参加了建桥实践。造桥需要大量钢材，钢材的质量是否可靠，直接影响桥梁的建筑质量和使用寿命，因此，对钢材的性能检验就成为桥梁建设的一项必备工作。茅以升把这项工作委托给唐山交通大学，大批学生在实践中也充分发挥了自我的聪明才智。钢材尺寸较大，原有检测仪器无法使用，学生自己设计加工附件进行检测，检验任务繁重，且须与工程进度相配合，学生们就设计出"最优检验流程"，合理安排人力、物力保证工程如期进行。在工地实习的学生，不仅有唐山交大的，还有清华大学、同济大学等校学生。茅以升认真安排他们的学习、工作，要求技术人员和工人予以悉心指导。

通过这所"临时桥梁大学"，学生们不但参与了大桥建设各个时期，各个工程的建设和管理，加强了劳动观念，体会到一项宏伟工程完成的艰辛，而且深入、牢固地掌握了自己的专业知识、技能，培养了扎实、细致、严谨的工作、学习作风。这所"临时桥梁大学"像一座熊熊的火炉，它培养了大批出色的工程技术人才；这些人才走出学校，奔向祖国各地，成为中国桥梁工业的一批骨干力量。

新中国成立后，茅以升长期负责铁道科学研究院工作。他一方面主持院务工作，另一方面以研究院为基地，深入思考了科学管理、科研方针、铁路建设与铁路科研的关系，进一步发展了他的教育、生产、科研相结合的思想。他陆续在《人民日报》《光明日报》《文汇报》等报刊上发表了一系列关于教育改革的文章，如《教育的解放》《新时代的科学教育》《习而学的工程教育》《工程教育的方针与方法》《实行先习而后学的教育制度》等，在这些文章中，茅以升根据其多年教育经验，系统总结了传统工程教学存在的问题，强调必须依照人的认识规律，由感性知识入手，进而传授理性知识，先让学生"知其然"，而后逐渐达到"知其所以然"，循序渐进，强调实践，从而把理论与实际，科学与生产，读书与劳动紧密结合起来。1962年5月，茅以升又写了《建设一个为社会主义服务的教育制度》一文。次年7月，在人大常委会上茅以升就此作了专题发言，受到大家的重视。周恩来总理还指示将其印发，分送各有关部门进行研究推广。

三、卓有成就的科学创作

茅以升不仅在工程教育领域内硕果累累，他

还十分关心一般群众科学技术水平的提高，他认为："高度的技术是以普及的科学为基础的，因而科学技术的普及教育成为培养群众高度技术不可缺少的手段。"为此，他身体力行，创造了大量文采斐然，深入浅出的科普作品。

在他发表的200多篇论著中，有关科普工作的论著和科普文章占1/3。1950年，中华全国科学技术普及协会成立，茅以升被选为副主席。茅以升一辈子和桥打交道，因此，他关于桥的作品最丰富，也最吸引人。茅以升熟读了中外古今文史典籍中关于桥梁的记载和描述。又熟谙桥梁建造的科学技术，在他的笔下，每一座桥都凝聚着劳动人民的心血和智慧，充满了情趣和高度的艺术性。他的文章具有这样一种品格：既能做到史料翔实，旁征博引，又能做到理论的深入浅出、生动活泼，还能照顾到文学手法的多样性和趣味性，艺术上达到了很高的境地。在《中国石拱桥》一文里，茅以升是这样介绍的：

"石拱桥的桥洞成了弧形，就像虹。古代神话里说，雨后彩虹是人间天上的桥，通过彩虹就能上天。我国的诗人爱把拱桥比作虹，说拱桥是'卧虹'、'飞虹'，把水上拱桥形容为'长桥卧波'。"

这篇文章由于准确、细致富有逻辑性地介绍了中国石拱桥的历史和特点，而且文字简练优美，充满诗情画意，得到大家的一致好评，被选入中学课本，作为说明文的典范供大家学习。

1963年2—4月，茅以升陆续在《人民日报》上发表了《最早的桥》《古桥今用》《桥的运动》《桥梁作用》4篇文章，合称《桥话》。作者以娓娓道来的方式，简洁而又明了地向大家介绍了什么是桥，桥的种类、古桥结构、桥梁运动等关于桥梁方面的系列科学知识。毛泽东主席看了这一组文章后，在当年全国农业科技会议上，笑着对茅以升说："我看了你写的《桥话》，想不到你这位科学家还是个文学家呢！"

1980年，茅以升写的《没有不能造的桥》一文，以生动的笔触深入剖析了桥梁技术及桥梁结构，讴新了人类伟大的创造力，荣获全国新长征科普创作一等奖。

茅以升是我国最热心于科普宣传的科学家之一，正如他在《桥话》中所说的一样："人的一生，不知要走过多少桥，在桥上跨过多少山和水，欣赏过多少桥的山光水色，领略过多少桥的诗情画意。无论在政治、经济、科学、文艺等各方面，都可看到各式各样的桥梁作用。"茅以升以他渊博的学识和为人民服务的热忱，不仅建起了一座座跨越山河的桥梁，同样，在科研与科普之间，他也架起了一座座宏伟的"大桥"。

钱塘江上造大桥

一、艰难困苦，玉汝于成

1933年3月的一天，一封长函送到了正在天津北洋大学教书的茅以升手上。信是茅以升当年唐山同学，现任浙赣铁路局局长杜镇远写来的，信上说："浙赣铁路已由杭州通至玉山，两年内可望直达南昌。浙江全省公路已达3 000千米，正向邻近诸省相连。然钱塘江一水之隔，将浙省划分东西，铁路、公路无法贯通，不仅一省之交通为之阻碍，且国家之防务与经济也深受其弊。现建设厅长曾养甫召集各方，欲在钱塘江之上建一现代化之大桥，拟将此重任，寄诸足下，特托转达，务请即日来杭，面商一切为要！"

不久，茅以升又收到浙江省公路局长陈体城来信，力劝道："吾国之铁路桥梁，皆为洋人包办：济南黄河大桥，德人所建；郑州黄河大桥，法人与比利时人所建；蚌埠淮河大桥，英人所建；哈尔滨松花江大桥，俄人所建；沈阳浑河大桥，日本所建；珠江大桥，美国所建……凡此种种，令人甚为汗颜！现浙省上下，皆欲以国人之力，于钱塘江上建一大桥，君为留美博士，桥梁专家，声名卓著，实乃建桥之不二人选，此等良机，望君万勿错过……"

两封措词恳切的来信，在茅以升心底激起了万重波澜！他想到："在近代中国桥梁事业史上，由于经济的贫瘠和技术的落后，中国人竟没能亲自造起一座现代化的大桥！自己有志于为民造桥，但条件所限，自己除了1920年担任过南京下关惠民桥的工程顾问，1928年参加过济南黄河桥的修理工程，竟无机会再参与造桥，怎不让自己动心呢？可是，造这样的大桥，所需经费浩大，南京政府曾多次计划，皆流于空谈，浙江以一省之力，能承担得起吗？况且，钱塘江浪急风险，地质条件险恶，在这江上造桥，自己能否胜任呢？"茅以升思虑再三，终于下定了决心：不造桥则已，要造桥总有麻烦，自己是学桥梁的，难道要自己造桥，就能知难而退吗？随即，他向学校请假，风尘仆仆地赶往杭州。

到了杭州，茅以升马上去见建设厅厅长曾养甫。曾养甫正患感冒，但仍在病榻上会见了茅以升，他对茅以升说："以升，钱塘江上修桥，是浙江人民的宿愿。我赴任杭州，即以此事为我任期内一大目标。现在建桥的经费，虽有困难，但只要努力争取，相信问题不大。但有了款，还要有人会用，才能把桥造起来，我们考虑了很久，决定请你来担任建桥处长之职。你如肯就，将来我负责经费，你负责工程，我们共同努力，一定要把桥造好，作为我们对国家的贡献，你看如何？"茅以升听了曾养甫这番肺腑之言，深受感动，随即表示：自己将倾尽全力，造好钱塘江大桥。

钱塘江，简称钱江，又称浙江、浙河、广陵江和罗刹江等。它发源于安徽的休宁凫溪口，上游是新安江，与兰溪的兰江汇合后，流往桐庐，名桐江；再往前经过富阳（又名富春），名富春江；向东再流经杭州，因杭州在唐代名钱塘，所以叫做钱塘江。从新安江到钱塘江，江面越来越宽，到杭州以东，江面变宽达3千米，钱塘江由此入海，先形成杭州湾，然后扩大为喇叭形的王盘洋。

每年春夏之间，钱塘江上游山洪暴发，江水猛涨，下游海浪因潮汐而卷入时，波浪大作。如果上下水势同时并发，江水就像不可驯服的野马，翻腾激荡，势不可挡；遇到台风，浊浪排空，矗立于辽阔的江面，情状更是凶险万分。古往今来，许多文史典籍对钱塘江的怒潮都有所记载。《史记》中载有秦始皇过江的故事："三十七年十月癸丑，始皇出游……至钱塘，临浙江，水波恶，乃西百二十里从狭中渡，上会稽，祭大禹。"由此可见，以钱塘江之险，始皇虽贵为皇帝，也是无可奈何。对于钱塘江水底的情形，杭州民间还有一个说法："钱塘江无底"。这是说钱塘江江底石层上面淤积的"流沙"没有底，这种流沙，极细极轻，一遇水冲，即被冲走，不可能有固定的位置，因而它形成的江底，也不可能有稳定的形状。《绍兴府志》记载："又江之中有罗刹石，曰罗刹江，其石危岩，数破舟，五代时，潮沙涨没，今以不见。"大石何以不见？就因受江浪冲刷下沉，逐渐埋入沙中的缘故，可见江中流沙之厚，连巨石都可埋没。唐代罗隐就有诗云："狂抛巨沉疑无底，猛过西陵似有兴。"

要在水文、地质条件如此恶劣的钱塘江上建一座大桥，困难之多是可想而知，但茅以升既然已经承诺下来，他就已下定决心：一定要尽自己所能，把这块硬骨头给啃下来！

1933年8日，在浙江建设厅的一间小房里，茅以升开始了钱塘江桥的筹建工作。首先是在建设厅成立"钱塘江桥工委员会"，茅以升为主任委员。1934年，浙江省政府又成立了"钱塘江桥工程处"，茅以升任处长，这个处长一当，就是16年。

上任的第一件事，是要广罗人才，组成一个建桥的"班底"。由于茅以升平时极为注意桥梁工程方面的人才，通过各种专业学会和社会招聘，很快，茅以升就组成了一支精干的建桥队伍，它集中当时国内的一批工程技术专家，可谓群贤荟萃，精英云集，这些人之中，最引人注目的是大桥总工程师——罗英。

罗英是茅以升在美国康奈尔大学留学时，桥梁专业班的同班同学。早在美国读书时，罗英就与茅以升共同发起成立了中国工程学会，并任该会第一任书记。罗英在美国读完硕士后，即回国从事铁路桥梁的工作。他修过几座桥，担任过山海关桥梁厂的厂长，是位富有经验的桥梁工程师，茅以升对罗英极为推崇，请他担任钱塘江桥的总工程师，当时常规，一般工程机关的首长，都兼任总工程师，作为茅以升的主要助手，罗英和茅以升两人，团结协作，历经风波，终于建成中国近代桥梁史的第一座现代化大桥——钱塘江桥。后来，茅以升在其《钱塘江桥工程记中》，指出："至二十六年九月二十六日全桥安装就绪，钱路通车，计实际施工九百二十五日。在此期间，无假期，无昼夜，在事员工，不分本处或本商，悉力奔赴艰危不辞。总工程师罗英君策划指挥，承办包商康益君匠心巧运，厥功尤巨。"罗英也在他的《钱塘江桥工程大概》一文中说："钢架工作由工程师梅旸春指导，混凝土工作由工程师李学海指挥，打桩工作由卜可默监理。本人虽负工程上责任，但全部事项，概由本处处长茅以升博士指挥而总其成。"

班子齐备之后，茅以升和助手们立即投入紧

张的设计工作。其实，在茅以升担任钱塘江桥工作处处长之前，浙江建设厅就已经把一些建桥的工程资料寄给了美国桥梁专家华德尔，请他作一套钱塘江的工程设计。这完全是由于政治作用，因为华德尔当时任铁道部的顾问，请他做设计，目的是希望他不反对浙江省修桥，而且还可利用他的招牌来筹款。虽然曾养甫告诉茅以升说：华德尔方案的采纳与否，由桥工处定夺，但他希望茅以升他们能拿出一套更好的设计来；这在无形之中，也给茅以升增加了相当大的压力，能不能设计出比华德尔更好的方案来呢？毕竟，这是中国人自己造的第一座现代化大桥啊！

经过半年多紧张的勘测，茅以升集思广益，通过对十几个方案的比较分析，最后一套设计科学、经费合理的"钱塘江桥设计书"在他手上诞生了！

大桥位于杭州市区西南的闸门，它处于钱塘江流为山脉所阻的转折处的下游，江面狭窄，且江

流为北岸所束缚，河道稳定，难以改道。大桥全长
1 453米，江中正桥1 072米，北岸引桥288米，南岸
引桥93米。为使铁路、公路共同使用，茅以升大胆
地采用了双层联合桥形式，下层为单线铁路，上层
为双线公路及人行道，这种桥型在我国是第一次采
用，比起华德尔的设计来，优势明显（华德尔采用
的是单层联合桥形式，中间是公路，公路两旁分别
是铁路和人行道，三种路面同层并列，在运输和
桥身稳定的要求上，都有问题）。桥有159桥墩16
孔，每孔跨度为6.7米，钢梁长度一致，而且预先
多备一孔，这样在任何一孔钢梁被炸断时，就能及
时替代，迅速修复通车，这在国防上有重要意义。
北岸引桥3孔，南岸引桥1孔，都用50米的钢拱梁和
钢筋混凝土的框架及平台组成。整个桥高达71米。
在设计上，也充分考虑了视觉效果。全桥各部分方
圆配合，色彩协调，浑然一体。北岸引桥背山面
水、附近有六和塔等名胜古迹，设想在桥头两侧，
进行绿化，辟为钱塘公园，大桥预计在两年半之内

建成。

　　大桥设计方案公布后，各方面都很满意，接下来是筹集经费的问题了。按照设计，大桥全部经费约需银元510万元（大桥完工后决算为540万元，合美金163万元），比美国工程师华德尔的预算节约了248万元，但是，对于当时经济落后的中国来说，却实在是一笔巨大的开支。

　　到哪里去筹集这笔足够7万建筑工人一年工资的巨款呢？桥工处预备按照国外的惯例预定大桥建成的对过桥火车和汽车征收过桥费，以此为基金，向银行借款，估计在10年内即能将本息一并还清，10年后，大桥开放，不再收过桥费。经过曾养甫的多方奔走游说，终于有5家银行与浙江省政府订立合同，但只借得200万元的经费。剩下的300万元到哪去借呢？茅以升虽不直接负责经费筹集，但大桥开工，资金却必须先到，一段日子以来，茅以升也是有些寝食不宁，坐卧难安。

　　经过曾养甫等人的多方努力，这笔款也终于

有了着落。铁道部向当时英国的中英银公司借款，并规定全部建桥经费，铁道部则和浙江省按比例承担，将来利益也按比例分享。但由于当时政治的腐败，铁道部、浙江省双方虽然表面合作了，而内部摩擦却始终不断。部方凭借自己所占股份较大，一直想把省方挤走，好独占利益。因此，在建桥之中，这种斗争也曾直接影响大桥建设。

1935年夏，大桥开工后不久，当时负责向中英银公司借款的中国建设银公司负责人宋子良突然紧急约见茅以升到上海去。一见面，宋子良就慢条斯理地说，"以升啊，告诉你一个情况，你可要有思想准备" "中英银公司的铁路借款还有两天就要在上海签字，但其中关于钱塘江桥借款部分的条文现在发现了一个大问题，因此，这次桥工借款，就不能包括在合同里了。"

茅以升一听，倒抽了一口冷气，大桥刚开工，各项工作正是需钱之际，现在却碰上这种事情，这不是釜底抽薪吗？况且大桥一旦停工，损失将极为巨大，他镇定了一下，问道："什么大问题呢？"

宋子良说："浙江省与五家银行的借款合同，已把钱塘江桥全部财产做了抵押，现在向英国银行借款，还有什么作抵押品呢？"

"那么，有什么补救办法呢？"茅以升急了。

"有倒是有，除非把浙江省向五家银行借款的合同改一改，把'全部财产抵押'改为'全桥财产的30%抵押'，但是，离签字时间只有两天时间了，你有把握改过来吗？"宋子良仍是不温不火地说。

"行！"茅以升一下子站了起来，情况是如此紧急，他已经无暇顾及事情的困难程度。在他心里，只有一个愿望："只要有一线希望，就要全力以赴，绝不能让钱塘江桥半途而废。"他星夜赶回杭州，立即奔赴各大银行进行紧急磋商。两天下来，茅以升人都瘦了一圈，但终于让五家银行和浙江省建设厅、财政厅都在改好的合同上盖了章。第三天早晨，当眼睛里布满血丝的茅以升把一叠厚厚的合同搁在宋子良面前时，宋子良大吃一惊，他无言以对，只好答应：把钱塘江桥工程借款，一齐包括在沪杭甬铁路借款之内。一场合同风波总算平息了。

1934年冬，是大桥计划开工的日子，按照设计，大桥准备两年半时间完成。正当桥工处预备和各工程包商签订合同时，建设厅厅长曾养甫找到茅以升，告诉他："这两年来，国际形势变化莫测，中日之间的局势日益紧张，战争一触即发，大桥与国计民生关系重大，越早完工越好，因此，要将工期由2年半减为1年半。"茅以升深感此事难度甚大，本来2年半时间已是非常紧迫，现在又缩短一年，岂不是难上加难吗？但是，曾养甫认为事关重大坚持原意，经过与各工程承包商的艰苦谈判，大家终于取得了共识：国难当头，建桥应为国分忧，一年半内应把大桥建起。

1934年11月11日（第一次世界大战和平纪念日），钱塘江大桥举行隆重的开工典礼，参加典礼的有铁道部的代表，浙江省政府，银行界人士，建设厅所属与建桥有关的各局局长，桥工处人员和工程包商。会上，曾养甫当众宣布：大桥将于一年半内完工。桥工处全体职员都感到责任重大，但热情却很高，士气旺盛。会后，茅以升拿起铁锹，为大桥工程铲下第一锹土，这意味着：一场浩大的工程，已拉开它雄伟的序幕了！

为争取一年半内完工，在工程进展中，桥工处采取了许多新措施：首先是对能同时动工的工程，属于平面铺开的，都立即同时动手；对于上下有关联的工程，也要想出上下并进，一气呵成的办法。以免下面忙时，上面却无事可做。这就要求基础与桥墩同时动工，桥墩与钢梁同时动工；其次，在这种上下并进、一气呵成的原则下，必须及时解决材料充足和工具到位的问题。为此，桥工处统筹调度，特别设计了许多机械设备，保证了工程的顺利进行；最后，为了赶工，各工程单位都日夜连续工作，星期天和一切例假都不停工；而桥工处为了监督工作，也要陪同日夜不停工作，负责人员无法轮班，格外辛苦，主要负责人还必须额外加班。然而，尽管人们付出了如此巨大的努力，由于种种艰难险阻，大桥最后还是用了两年半时间才告完成。事后，茅以升曾感慨地说："幸亏当时要求一年半完工，否则，按两年半进度，加上那些料想不到的困难，大桥准要推迟一两年完成，这样的话，大桥可能就被战争毁了！"

1935年，工程正式开工不久，就遇上各种意想不到的困难。整个桥工处的工作都停顿了，大家都处于一种焦急、困惑的情绪中。正当此时，社会上各种闲言碎语也纷至沓来。"没有金刚钻，莫揽瓷器活，中国人还是赶不上外国人"，"钱塘江造桥——办不到"……银行也开始放慢借款，桥工处承受着莫大的压力。曾养甫也急了，他把茅以升叫到了南京，详细询问情况后，正颜厉色地对茅以升说："我一切相信你。但是，如果桥造不成功，你得跳钱塘江，我也在后头跟着跳！"茅以升听罢，十分激动，他一言不发，心里说"你看吧！"匆匆地赶回了杭州。

首先碰上的难题是桥墩基础的打桩工作。为使桥墩有个坚实的基础，要在每个桥墩下打160根长约30米的木桩。但是，江底光泥沙就有41米深，如何能把这木桩打过泥沙，穿进江底的石层呢？

两艘打桩船泊在宽阔的江中，"轰隆，轰隆"的气锤声此起彼伏。然而，第一根桩打了几个小时，也没能打下去，江底的泥沙层太硬了！罗英建议："换个大锤，增强压力试试。""轰隆"，仅仅锤了两下，水底就传来一声沉闷的"咔嚓"声，木桩竟给打断了！就这样，轻不行，重也没用，几十名工人花了一昼夜功夫费了九牛二虎之力，才勉强打进了一根桩。怎么办？全桥1 440根木桩，照这样的速度，光打桩就得4午的时间！茅以升和罗英只得宣布暂时停工。

深夜，繁星点点，蛙声阵阵，往日喧闹的工地因为停工而显得分外安静，人们都已进入了沉沉的梦乡。独有茅以升和罗英，打着蒲扇，聚在简易的工房里，皱着双眉，苦苦地思索着如何改进打桩技术。一个又一个设想被提了出来，然而又相继遭到了否定。夜越来越深了，明晃晃的灯光照在白花花的设计图纸上，使人感到更加闷热。

"以升，还是出去走走吧！"罗英提议说。

"嗯。"茅以升有些漫不经心。

他们走出工房，默默地走着，不知不觉，来到了大江的岸边。夏夜里的钱塘江是如此的恬静，月光向银片一样轻轻地跃动在宽阔的江面上，不时地，夜风拂过，带来阵阵清新的水气，仔细闻去，似乎还带着丝丝大海咸腥的味儿。罗英忽然叹了一口气，问道："以升，你说咱们能造好大桥吗？"

"能，为什么不能？"茅以升坚定地说："事在人为，我们一定会把打桩这个问题解决的！"

　　第二天是茅以升母亲的生日，茅以升的夫人打电话让他无论如何回去一趟为母亲祝寿，毕竟，他已经好几个月没回去了。茅以升满怀心事地赶回家里，却寡言少语，坐卧不宁。忽然，他看到女儿于燕提着一把铁壶，正在浇花。一条细细的水龙从高处落下，竟给花盆里的泥土冲了一个小洞。小于燕一次又一次地浇着，在一旁看着的茅以升却入了迷。"水龙冲土，水龙冲土！对！就这么办！"他一下子跳了起来，抱起小于燕亲了一下，不顾家人的挽留，兴冲冲地往工地赶。

　　回到了工地，他立即召集技术人员和工人，提出了"射水法"的新构想，即用一个带有大水龙带的机器。把江水抽到高处，再往江底猛冲，从而在江底坚硬的泥沙中射出一个深洞，再把木桩放入洞中，用汽锤打。经过讨论，技术人员和工人都一致认为这办法可行，几位老工人，还在具体操作上提出了不少好建议。

　　新的办法果然奏效，不仅省时，而且省力。

一昼夜可打桩30根，大大超过了原来的计划，对加速整个大桥建设起了重要作用。

钱塘江水流湍急，如何在激流中把桥墩造好呢？茅以升等人设计运用了气压沉箱法。所谓"沉箱法"，就是先在岸上用钢筋水泥制成长18米，宽11米，高6米，重600吨的大箱子，然后把它运到江中，准确地放在已打进泥沙里头的木桩上面，然后再在沉箱上浇筑桥墩。为了安放沉箱，在江边修了两条轨道，驾驶"钢架吊车"把沉箱整个吊起来，在轨道上滑动，到了江边，逐步把沉箱放入水中，再用两艘轮船慢慢地顶着潮水拖至木桩处。按预定方案，要把6个3吨重的大铁箱用铁锁连接在沉箱的四周，使沉箱定位。正当工人准备按计划让沉箱落到木桩上时，天公不作美，霎时间乌云密布，狂风大作，下起倾盆大雨来。激荡的江潮一下子把6个铁箱全部冲起，沉箱顺着水势急冲而下，一直漂流到钱塘江下游的闸口电厂才停住。当人们费了九牛二虎之力将它拖回准备再次下沉时，钱塘江又开始涨潮，汹涌的潮水呼啸而至，把链接沉箱与铁锚的铁索都冲断了。沉箱如脱缰野马，在江面上乱冲乱撞，一时间无法控制，直冲到好几千米外的南皂桥，把一个渡船码头撞得粉碎。为解决祸患，茅以升紧急动员当时江上14艘汽轮，共同协助，才把沉箱拖回桥址。由于钱塘江水文情况极其复杂，4个月内，沉箱乱窜了十几次之多，给工程造成严重障碍。茅以升、罗英会同工程技术人员和工人，认真总结了经验教训，特别是深入细致分析了历年来江海涨潮的规律，把3吨重的固箱铁锚换为10吨重的混凝土锚，在运送技术上，也做了相应的改进。经过努力，终于可以把这600吨的庞然大物妥当安放在木桩上，算是解决了建桥中的一个大难题。

在架设钢梁时，也碰上了一些麻烦。钢梁在英国定制，拆散后运到了杭州拼装，然后架上桥墩。要把每孔长67米，宽6.1米，高10.7米，重2 600吨的钢梁精确地架到桥墩上，实在是件不简单的事。在浮运钢梁时，需要两个特别的木船，连在一起，船上建有塔形木架，顶托着钢梁向桥墩靠。浮运时必须利用每月的大潮，由于设备尺寸的限制，能够利用潮水涨落的水位，上下不过1米，因此对于江水的深浅，潮水涨落的钟点，都要推算得非常准确。船上还有水舱，用储水的多少来控制船身的升降。钢梁运到两个桥墩之间，等潮水一退，船体下降，钢梁就架在了桥墩上。桥墩上承托钢梁的支座和钢梁两端坐落在桥墩的底板，都预备有孔眼，以便钢梁落在桥墩时，再用螺栓紧固，这上下孔眼也全凭事前测量准确，才能一拍即合，使螺栓得以通过。

1937年7月7日，日本挑起全面侵华的"卢沟桥"事件，抗日战争正式爆发。8月13日，日军进攻上海，战火很快蔓延到了杭州。8月14日，日本飞机开始空袭南京、上海，当天夜里，正当茅以升在北岸6号桥墩水下30米的沉箱里和工程师们研究工作时，突然间，电灯灭了，箱内顿时一片黑暗。大家都认为高压空气管断了，没有高压空气，江水涌进沉箱，十几人的生命就要发生危险，大家一下子紧张起来。一分钟过去了，两分钟过去了，箱内没有进水，直到20分钟过去，仍然没出意外，大家这才松了一口气，在黑暗里静候消息。半点钟后，电灯亮了，茅以升等爬出沉箱，到外面一看，奇怪，一切工作都停了，工区一片漆黑，到处看不见人，整个江面寂静无声。那位守着沉箱气闸出入口的工人告诉茅以升：半小时前，传来了空袭警报，命令关掉所有电灯，说日本飞机要来炸桥，让大家赶紧隐蔽。刚才果然有3架飞机过来，扔了不少炸弹，幸亏都掉到江里去了，没炸到什么东西，现在警报还没有解除呢！茅以升听着，立即感到：战争威胁已降临大桥了！工程危急！他问那个工人："刚才空袭，你为什么不躲一躲？"面色黝黑、个头壮实的中年工人回答："这么多人在下面，我管闸门，怎么能走开呢？"他质朴的话语令茅以升深为感动，他紧紧握住这位工人的手，许久说不出话来。

8月14日炸桥后，日军飞机更是常来骚扰，有时是侦察，但更多的是轰炸，目标就是毁掉钱塘江大桥。时间就是一切！铁道部和浙江省政府都严令加速赶工，桥工处的全体职工，都抱着早一天把桥建成，就是对抗战的最大贡献的心情，加倍努力工作，日夜奋战在桥梁工地上。

　　当时，正桥的第六个桥墩尚未完工，墩上两孔钢梁，还无法安装。为了赶工，钢梁上部的混凝土公路路面，原来是要等钢梁架上桥墩才动工，现在却预先在第六桥墩左右两孔钢梁上，事先把混凝土路面所需的木模及钢筋安装好，等钢梁一上桥墩，立即在木模内浇筑公路面的混凝土，与其他14孔已做好的公路面接通。钢梁下部的铁轨，也采取同样的办法。钢梁一装上桥墩，就进行铺枕钉钢轨的工作，很快也和其他14孔已经做好的铁路轨道相接通。就这样，在短短一个半月的时间内，桥工处技术人员和工人，同仇敌忾，争分夺秒，终于让钱塘江大桥巍然跨越于滚滚的大江之上！

　　大桥的适时建成，也是抗日前线我士兵英勇战斗的结果。上海将士与敌军展开激烈对抗，把日军阻隔在上海几个月之久，从而没有让侵略火焰蔓延到大桥工地。敌人飞机轰炸桥梁，却始终没能得逞，这是因为我们军事部门在沿着大桥过江轴线的北岸山上，架设了高射炮，日本飞机如果想炸桥就必须顺着轴线飞行，但这正是炮火设计的范围，因而逼迫敌机改换方向飞行；但是，换了方向，要想把炸弹刚好投中飞行路线和大桥轴线的交叉点，就异常困难了；再者，大桥建成后，军事部门在桥西采取了巧妙的伪装措施：公路桥暂缓开放，并对通行火车实行灯火管制，造成大桥尚未完工的假象，从而成功地迷惑了敌人。

　　1937年9月26日，是中国桥梁史上值得浓墨重彩书写的日子。清晨4时许，"呜——"火车一声长鸣，从大桥上隆隆驶过，它意味着钱塘江这条天堑已被中国人征服了！"成功了！成功了！"钱塘江两岸的人们欢呼雀跃，茅以升也不禁热泪盈眶。

钱塘江大桥1935年4月开工，1937年9月完工，在两年半时间内，共用了703 538个工作日。一般工作时，每天有770人工作；最紧张的时候，达到每天950人，在这期间，工程人员克服了无数的艰难险阻，充分发挥聪明才智，终于成功地建造了第一座由中国人自己设计的现代化大桥，为中华民族桥梁事业矗起了一座不朽的丰碑。

二、挥泪别钱塘

战火一天天地逼近，局势日益紧张，眼看着日寇即将进逼到杭州城下了。茅以升越来越痛苦地预感到：钱塘江大桥是保不住了。

1937年11月16日，军事部门紧急命令茅以升：立即着手准备炸桥，不让敌人占用！手捧着公文，茅以升的心剧烈地跳动起来：两个月时间还不到呀，桥就要毁了！痛苦使他的脸都扭曲了：炸桥容易，可是，那么多车辆和物资，难民都要向后方转移，一旦把过江的唯一通道毁掉，人们又到哪里去找安全、快捷撤退的路途呢？

　　为慎重起见，茅以升会同军事部门反复商讨，决定采取一个大胆的方案，即先在桥上安放好炸药，把引线接到雷管上，然后停工待命；等炸桥命令传达后，再引爆雷管把桥炸掉。但在埋放炸药时，桥上还要行走工人，这就必须采取严格的安全措施。

　　事实上，在做大桥设计时，处于军事安全的要求，茅以升及工程师们已充分考虑了毁桥的问题。为此，他们做出了3种安排：一是把正桥的16孔钢梁造得一模一样，如果有一孔钢梁被炸掉，便可将靠岸的一孔移去搭上，再在岸边搭建便桥通行；二是南岸的第二个桥墩内预先留了一个方形洞口，用来放置毁桥的炸药；三是造桥时所用的各种机械设备，都尽量留下，隐藏在大桥附近，便于以后修桥。当天晚上，茅以升陪同军事人员一起放置炸药。当茅以升指点工兵应该在哪炸桥才是关键所在，应如何把桥墩彻底毁坏时，他的心似乎在流血：世界上哪有这样的工程师呢？亲手造桥，又要亲自毁桥！

清晨时分，炸药全部安放完毕，同时也接到命令，叫把大桥公路立即开放。消息传开，赶来过桥的人络绎不绝。从早到晚，桥面上拥挤得水泄不通，人们是怀着多么复杂的心情来过江啊！从前只说"两脚跨过钱塘江"（杭州谚语，用来讽刺说大话的人）是绝不可能，今天自己跨过去了，但何时才能重新返回自己的故乡呢？而且，这10万多过桥的人们都不知道，他们是一步步从埋藏着炸药的桥面上通过的！这在古今中外的桥梁史上，算是绝无仅有的了！

大桥开放了一共37天，在这当中，数以万计的人们和不计其数的物资得以安全地向南转移，发挥了巨大的交通枢纽作用。12月23日，日军加紧进攻，杭州危在旦夕。下午1点钟，炸桥命令到达，工兵立刻把100多根引线接到雷管上。本来可以立即炸桥，但北岸的难民汹涌而至，一时无法下手。下午5点钟，江面上隐隐笼上一层薄雾，黑夜即将来临，遥望对岸，似有敌方骑兵隐约前来，必须炸桥了！一声轰然巨响，5座钢梁和一个桥墩顿时炸裂，坠落江中，激起漫天烟雾，一座雄跨钱塘江的大桥，就此中断。

在大桥工程进行时，总工程师罗英曾出过一个上联，"钱塘江桥，五行缺火"（前面4字的偏旁为金，土，水，木），征求下联，一直没有人能对出来，不料，如今"火"来，五行齐全了，但桥却给毁了。

当夜，茅以升辗转难眠，他披衣起床，胸中翻滚着无数波涛，挥笔写下："抗战必胜，此桥必复"，并草成三绝：

别钱塘

（一）

钱塘江上大桥横，众志成城万马奔。

突破难关八十一，惊涛投险学唐僧。

（二）

天堑茫茫连沃焦，秦皇何故不安桥。

安桥岂是干戈事，同轨同文无浪潮。

（三）

斗地风云突变色，炸桥挥泪断通途。

"五行缺火"真来火，不复原桥不丈夫。

　　在残酷的战争环境中，桥工处于11月中旬由罗英总工程师率领，全部南撤到兰溪，进行桥工处的结束工作。其中最主要的一项，是完成大桥的竣工图。竣工图反映了大桥完工后的实际情况，它揭示出工程结束时和设计时的差异，它对于人们日后总结工程成败的经验教训，进行大桥的维修保养，都是最重要的工程档案资料。

　　茅以升极为重视竣工图的完成，他和桥工处工作人员，白天点着灯在几间工棚里工作，晚上就挤住在一间小土屋里。经过大家的努力，在这年年底，终于把竣工图全部完成了。资料一共有14箱，包括各种图表，文卷，相片，刊物等。这些资料涵盖了钱塘江大桥的水文、地质、气象、设计、施工、器材等各个方面情况。其中有一套电影片，长约2 500米，记录了所有特殊工程的全部施工细节，当时拍摄时，茅以升和另一位工程师李文骥充当导演，现场工作的工人就成了演员，是一部宝贵而完整的工程教育影片。茅以升看着这些历尽劫难而保存下来的资料，心中感慨万分："只要把资料保存好，又拥有技术人才，那么，留得青山在，不怕没柴烧。抗战过后，我们不仅要重建钱塘江桥，还将在祖国各地造起更多更雄伟的大桥来！"对此，茅以升深信不疑。

这14箱资料，茅以升从杭州带到广西平越，以后又带到贵阳、重庆，饱经战争沧桑，遭遇到多次敌军空袭，幸而都保护完整。后来，茅以升回到杭州，最终把它移交给了上海铁路局。

钱塘江桥事务结束后，总工程师罗英被任命为湘桂铁路局局长，他带领一批工程技术人员到广西修建新铁路。1938年春，北方的唐山工程学院撤退至湘潭复课，茅以升因兼任学院院长，就把桥工处一并迁到了湘潭。后来，湘潭沦陷，学院和桥工处又只好到广西平越。在平越3年，茅以升竭尽全力坚持学校正常的教学、科研环境，为国家培养了300余名毕业生。这些毕业生，作为在抗战中蓄积的工程技术力量，在战后，他们为国家的重建工作，作出了很大贡献。

1941年，中国工程师学会在贵阳召开年会。会上，专家们一致高度赞扬钱塘江桥对中国工程技术的贡献，建议给茅以升颁发"中国工程师学会"名誉奖章，奖章中写道：

"本会会员茅以升先生，前负责设计并建筑杭州钱塘江大桥，为近年工程建设一大成就。而于民国26年全面抗战开始，东南吃紧之际适时完成，于军民物资保全甚大。经本董事会决定，给予名誉奖章以示褒扬而资矜式此证。"

1942年春，茅以升离开平越前往贵阳，接任交通部桥梁设计工程处处长；1943年春，他又前往重庆担任新成立的中国桥梁公司总经理。这两个机构都是为了当时及战后桥梁事业的发展而成立的。在战火纷飞，兵荒马乱的年代，没有也不可能建造大型桥梁，但茅以升借助这两个机构，连同钱塘江桥工程处，召集、团结了一大批工程技术人员，其中就有后来曾任武汉长江大桥工程师的梅旸春；曾任郑州新黄河桥总工程师的赵燧章；曾任南昌赣江大桥总工程师的戴尔宾；曾任云南南盘江公路石拱桥总工程师的赵守恒；曾任南京长江大桥副总工程师的刘曾达等。

1944年，通过力争，茅以升向交通部要了派8名工程技术人员到美国学习的名额。这8名工程技术人员，在美国及时了解掌握了当时的造桥经验和技术，弥补了我国与国际先进造桥技术的差距。他们回国后，都成了我国桥梁技术界的骨干。

三、大桥重起云飞扬

1945年8月15日，日本帝国主义宣布无条件投降，长达8年之久的抗站以中国人民的完全胜利而告终。消息传来，举国振奋，神州同庆，茅以升也欣喜异常，他跳起来挥着拳头说："好啦！又可以重新造大桥了！"

1946年春，茅以升和桥工处的工程技术人员，带着14箱精心保留下来的资料，回到古城杭州，立即着手准备大桥的修复工作。在对大桥的详细勘测中，茅以升等发现：桥墩、钢梁因屡遭破坏，情形异常严重，如不及早修理，势必发生危险。

日寇占领钱塘江两岸后，对大桥三年未动，直到1940年9月，为了临时军用，才在坠落江中的五孔钢梁上架设军用木桥面，接通公路，行驶汽车。1943年底，为利用火车输送军用物资，日军开始着手修理炸毁的桥墩及钢梁，到1944年10月竣工，通行火车，但日寇又是如何修理的呢？

靠南岸的第二座桥墩，顶部被炸得精光，江底泥沙又淤得很高，日军就在沉箱上打木桩，木桩上再筑桥墩。这种沉箱上下都有木桩的建桥法，无法使桥墩稳固地承受载重，没有科学道理，在中外桥梁建筑上也是闻所未闻。日寇的修理，一切都是因陋就简，草草了事，打的木桩也并没有根根到达沉箱，有些只靠江中的淤泥来着力，如果江底变迁，又有水流冲刷，桥墩将随时塌陷。第五、六号桥墩，是抗战时我们的游击队员，在夜深人静时，游到桥下，放上定时炸弹破坏的。墩壁破裂多处，日本人也只是用墩外加箍，墩内填沙的办法，勉强保持通车。

原来被爆破的5孔钢梁，也被日军打捞起来，拼接成形，装上桥墩。但所用的桥梁却是普通碳钢，而不是原来的高级合金钢。此外，许多扭曲的钢梁杆件，也未能全部矫正。甚至钢梁在桥墩上的支座，原来是用滚轴垫托的，日军就使用铁片，以致钢梁不能因冷热伸缩而移动。所有这些，都使钢梁的承压力大为减弱。

大桥公路面，日军在修理炸毁的钢梁时，把混凝土路面全部凿掉，所以一直没通汽车。原来的人行道，也都破烂不堪，道旁的铁栏杆，只剩北岸的一部分，桥上的铜灯更是所剩无几。在寒风中，冷落破败的大桥给人以无尽的凄凉之感。

1946年9月，修桥工作正式开始。修桥设计和施工，由桥工处委托中国桥梁公司上海分公司承办，总工程师是汪菊潜。工人们在破坏过的5孔钢梁上面，铺设临时公路木桥面，两旁设临时木栏杆，汽车单线行驶。对于尚未破坏的各孔钢梁构件，则加涂保护油漆。1947年3月1日，公路桥恢复通车，大桥的双重路面作用重新得以发挥。由于大桥损坏严重，因此过桥速度须严格控制，火车为每小时10千米，汽车为每小时15千米，对于汽车过桥，还要征收"过桥费"，以补充管理、维修费用。对于各孔损坏的钢梁，桥梁公司向外国订购了合金钢杆件，把所有扭曲的碳钢杆件，都予以更换，在拆换时，同时保持大桥的通车。

1947年夏，桥梁公司开始筹备套箱工程，准备修理破损的桥墩。但此时却正值国民党统治土崩瓦解时期，物价飞涨，经济萧条，人心浮动，而且修桥经费也不能落实。工程时断时续，进展异常缓慢。直到1949年5月3日杭州解放时，套箱才做到悬挂下水，但还未曾落到江底。当天下午，国民党反动军队撤退时，竟丧心病狂地在第五孔公路及铁路桥面的纵深两端，装上炸药并引爆，妄图把大桥再次破坏。所幸的是，由于紧张慌乱，炸药没有安好，对大桥破坏不是很大。桥梁公司立即组织工人抢修，经过24小时的奋战，铁路公路都恢复了通车。

上海解放后，大桥未完成的工程，由上海铁路局接收续办。第五号桥墩于1952年4月修好，第六号桥墩修复工程于1953年9月完成。至此，在工程技术人员和工人的奋斗下，钱塘江大桥的修复工作胜利结束。一座雄伟壮丽的大桥，又重新飞架在滔滔的钱塘江上了！正如大诗人郭沫若先生描绘的：

钱塘江大桥

第一次来到钱塘江大桥，
夕阳照着嫩黄的江水滔滔。
六和塔在发出红色的微笑，
好像在说这儿比西湖还好。

忽然间全桥在隐隐地闪跃，
原来还有下桥敷设着铁道。
铁道上正通过南行的火车，
这就增加了戏剧性的微妙。

如果只是江山的一片静美，
不会深刻地鼓励我的心扉。
是劳动改造了自然和社会，
使江山焕发出生命的光辉。

钱塘江桥的建成，书写了我国桥梁建设史上的新篇章，其价值巨大，意义深远：

首先，钱塘江大桥开了我国现代桥梁建筑的先河。历史上我国曾建有赵州桥、卢沟桥、洛阳桥、中渭桥等各式各样的桥梁，但像这种铁路、公路双层巨型现代化桥梁的建设，还是开天辟地第一次。

其次，钱塘江桥是我国自行设计、建造的第一座既高又长的铁路和公路联合桥。建桥的困难多、难度大，建桥经费有限，施工期限急迫。在这种情况下，茅以升和工程技术人员，充分发挥了其卓越的聪明才智，第一次创造了基础、桥墩、桥梁3种工程上下并进、一气呵成的系统施工法，为工程节约了大量时间和经费。在施工中，茅以升和工程技术人员表现出来的一丝不苟的求实精神和出色的工程管理才能，也为我国以后的大型桥梁建设树立了光辉的榜样。

再次，茅以升等在建设钱塘江桥的过程中，

把工地办成了一所桥梁建筑学校，每年都有大批的大、中专学生来到钱塘江桥工地实习，并接收工科毕业生前来就业。茅以升在百忙之中，常挤出时间，给工程技术人员、工人和实习生传授有关桥梁建造知识，为中国培养了大批桥梁建筑人才。当时桥梁工务处的公务员、实习生，后来大都担任了桥梁工程师、总工程师等职务。

最后，钱塘江桥的适时完工，对于抗战初期，华东地区的疏散工作，起了重要作用。大桥建成之际，正值日寇入侵我沪、杭之时，战火燃眉，宁沪铁路已不能通行，炸毁之前的钱塘江桥，成为唯一的后撤通道。据统计，在钱塘江桥通车的3个月内，过桥疏散的铁路机车有数百辆，客车上千辆，难民达数十万人，物资更是不计其数，足以证明大桥建成对支援抗战立下了汗马功劳。

1987年9月26日，风和日丽，万里碧空如洗，钱塘江桥上，50面红旗迎风飘扬。经过半个世纪的风风雨雨，钱塘江桥迎来了通车50周年的纪念日。50年来，大桥对发展东南沿海经济，方便浙江人民的交通，均起到了巨大作用。1982—1987年5年间，钱塘江大桥铁路就通过货物2亿多吨，旅客5 694万人次，日均通行汽车8 000辆。新中国成立前，钱塘江大桥屡遭破坏而不毁，长期超载而屹立，充分说明大桥设计构造之高明，建造质量之优良，维护管理之精心，实为桥梁工程之一大杰作。就连当时保存下来的建桥资料，也为日后国家建设发挥了巨大作用。1982年，杭州科技人员在勘察钱塘江水文、地质、气象时，由于使用当年建桥档案，为国家节约了10万多元的费用。

这天，已是全国政协副主席的茅以升和其他8名当年参加建桥的健在者，一起参加了钱塘江建桥50周年的纪念仪式。仪式完成后，茅以升等人走上大桥，他仔细向养桥人询问了大桥的近况。当听说钱塘江老桥依然雄风不减当年，他提倡修建的第2座钱塘江大桥即将开始时，他兴奋地邀请当年建桥人与今日养桥人一起在桥上合影留念。

凭栏远眺，涛声依旧，江山如画，这使得茅以升分外怀念起自己的亲密伙伴，当年的建桥总工程师罗英。新中国成立后，罗英先后担任北方交通大学教授，武汉长江大桥顾问委员会委员，又与茅以升多年共事创业。他潜心研究中国古代桥梁技术史，所编写的《中国石桥》和《中国桥梁史料》，都请茅以升撰写了序言，是中国桥梁研究的鸿篇巨制。

1964年7月1日，罗英于上海病逝，终年75岁，茅以升闻讯，悲痛不已。他亲自在追悼会上为罗英致悼词，并敬献挽联一副：

学桥、造桥、写桥、绩效长存，一旦沉疴突变，遗著伤心余半部；

良友、益友、诤友，语言犹在，50年坠欢难拾，前尘回首痛重泉。

太阳渐渐下山，金色的阳光把大江染成一片绚烂的火红。"呜——"，又一列火车从大桥下通过了，茅以升从沉思中惊醒过来。望着这一派壮丽的景象，一句熟悉的诗句从他的心中跳出，他禁不住爽朗地吟道："俱往矣，数风流人物，还看今朝。"

在新中国的建设中

一、再展宏图

1950年，新中国决定筹建武汉长江大桥。铁道部一方面调集一批工程技术人员进行勘测设计，同时还聘请了20几位专家，组成大桥技术顾问委员会，茅以升被任命为顾问委员会的主任委员。兴建武汉长江大桥，也是茅以升的多年愿望。过去，每当他路过武汉三镇，看见拥挤不堪的码头上，一堆堆的货物、一辆辆汽车、一批批行人焦急地等待渡轮的摆渡时，就情不自禁地想：要是在长江上建一座大桥，贯通南北，联结起武汉三镇，那该多好！

1935年，钱塘江桥开工不久，他就数次到武汉，同湖北省政府商讨建桥事宜。他曾抽调一批技术骨干，花了一年时间，进行勘探设计，并做出了初步的建桥计划书。第二年，他又派了一个钻探队，在武昌、汉阳之间，进行了多孔钻探，查明了长江江底地质状况，为大桥设计做了充分准备。由于经费问题和抗日战争爆发，建桥之事也只得付诸阙如。

1946年，桥工处由平越迁至杭州后，除修复钱塘江桥外，茅以升又把目标盯准了武汉长江大桥的建造。他把原设计方案进行了精心修改，做出"武汉长江大桥设计草案"于当年12月送到湖北省政府和粤汉铁路局，但由于此时国民党政府正忙于内战，这个建桥计划再次搁浅。

新中国对兴建武汉长江大桥，予以高度重视，政府在人力、物力、财力等各方面都给予全力保障。1951年秋，周恩来总理主持召开政务会议讨论建设大桥的各项方案。会上，周总理指出："这是新中国成立以后建设的第一座大桥，全国人民都寄予了很大期望，应当把工作做得出色，把桥造好！"他还亲切地对茅以升说："你有过建造钱塘江大桥的经验，又是技术顾问委员会的主任，希望你对建设武汉长江大桥多出力。"

自1950年起，茅以升连同大桥技术顾问委员会，展开对大桥的勘测设计工作。仅就地质钻探来说，勘测人员从1950年起一直工作了3年多，掌握了大量的地形、地质、水文、气象等重要资料，对长江江底地质全貌有了周详的了解，使大桥的设计和施工有了高度科学性的理论依据。经过周密考虑和反复讨论，在技术顾问委员会的第三次会议上，确定了武汉长江大桥的桥址。它位于武昌的蛇山和汉阳的龟山之间，这儿江面较窄，两岸地势较高。大桥建在这里，可以缩短正桥的长度，节省物力和财力，是个理想的场所。与此同时，技术顾问委员会还对各种不同的水下基础设计和桥型进行了比较分析。1953年5月，初步设计完成，技术顾问委员会又多次进行了地质钻探，终于于1955年最终确定了"大桥设计施工方案"。

方案的具体内容：长江大桥为铁路公路双用桥，上层是宽18米的公路，有6条汽车道，汽车道两旁各有一条宽2.25米的人行道，下层是铁路桥，铺有双线轨道，两线之间留空4.1米，这样南北来往的火车可以同时对开。大桥全长1 670米，其中正桥长1 156米，汉阳岸引桥303米，武昌岸边引桥211米。大桥共9孔，每孔跨度128米，有8个桥墩，两个桥台，桥台高83米，有20层楼高。两岸各建一个桥头堡，作为引桥和正桥分界的建筑物。桥头堡为一座8层楼高的大楼，上面是具有民族风格的亭阁，堡内有三层大厅和办公室，为了方便上下，还修有桥梯和电梯。

武汉长江大桥是个庞大的系统工程，它还包括：在武汉地区接通京汉、粤汉铁路的全部桥梁、涵洞和铁路连线12.9千米；接通长江南北公路干线的桥梁，涵洞和公路连线4.5千米；除汉水铁路桥、公路桥外，还有跨越城市区街道的"跨街桥"10座。整个工程设计科学、气势磅礴，它把武昌、汉阳、汉口3个城市联为一体，从而形成了一个巨大的城市群。

1955年9月，大桥正式动工。在修建中，大桥工程局和以茅以升为首的技术顾问委员会群策群力，创造性地采取了许多新技术、新措施，保障了大桥施工的顺利进行。

大桥建在龟山和蛇山两山之间，江水较深，江流湍急，且江底泥沙深浅不一，岩石层也比较复杂，要在这样的地址条件下建好桥基并非易事。大桥建设中采取的是新的"管柱钻孔法"，这种方法为把多根面积达6平方米的空心圆形钢筋混凝土"管柱"，沉到江中，使其成为深深嵌入江底岩盘的混凝土圆柱。再用一个直径比管柱大10倍的圆形"围堰"，把这许多管柱群围起来，并在围堰上下两头用混凝土把各管柱的空隙填满，使这些管柱又联系成为一个庞大的圆柱，这就形成了桥墩下部牢固的基础。这种方法，不仅使所有水下工作都可由人在水面上操纵，不受水深限制。不损害工人健康，从而可以常年施工；而且它所需的机械设备，除去大型钻孔机外，都比较简单，为大桥建设节约了经费，运用这种方法，把大桥的施工期整整缩短了两年。

在桥梁上，武汉长江大桥采用了长跨度、等跨度的钢梁。每孔钢梁长度只相当于钱塘江桥的两倍，桥墩也只有钱塘江桥的一半多。这样做使钢梁和桥墩的造价平衡，达到了经济美观的目的。此外，大桥的钢梁还采用了三孔一联、三联九孔的办法，使一孔钢梁上的载重能均衡传递给其他两孔，减少了受力强度。每孔钢梁的结构形式，都采用"菱格桁架"，钢梁下层铺铁路，上层铺公路，公路路面同桁架"桥面系"结为一体。在钢梁两端斜杆上都设有扶梯，便于检查和修理。所有这些设计，都是中国桥梁史上前所未有的，充分体现了大桥建造的先进性。

"一桥飞架南北，天堑变通途"。1957年10月15日，武汉长江大桥全桥落成通车。中国人在亚洲第一大江上，完全靠自己的人力、物力、财力，仅仅用两年零一个月的时间，建成了亚洲最现代化的第一大桥！在建桥过程中，以茅以升为首的技术顾问委员会，先后解决了14个建桥中的技术难题，为早日实现全国人民的多年愿望，立下了汗马功劳。

武汉长江大桥的建成，是中国交通史上最伟大、辉煌的成就之一。它不仅在建筑规模和技术复杂性远远超过了任何一个中国近代的桥梁，而且在设计、施工和一切技术设施都表现出了它在科学技术上的先进性。关于武汉长江大桥的建设成就，茅以升在出访日本、英国、法国、意大利等国时，都向各国工程界做了介绍，引起了专家们的极大兴趣。1956年6月，茅以升在葡萄牙举行的世界桥梁会议上，做了《关于武汉长江大桥新的施工方法的报告》，与会的世界各国桥梁专家，对武汉长江大桥在施工中采用的"伸臂法安装钢梁"和"大型管柱钻孔法"等先进技术，给予了高度评价，认为在世界上也是独一无二的，值得大力推广。茅以升所著《武汉长江大桥》，也被译为日、法、英、俄等十几国文字，深受各国桥梁界的欢迎。

二、巍巍大会堂

为庆祝中华人民共和国成立10周年，1958年冬，北京开始建设十大建筑，它们是人民大会堂、历史博物馆、革命博物馆、军事博物馆、美术馆、民族文化宫，民族饭店，农业展览馆，北京火车站，华侨大厦。

人民大会堂位于北京天安门广场的西侧，同天安门和中国革命博物馆，中国历史博物馆相对而立，轮廓和谐，造型庄严，气势恢弘，是现代性与传统民族风格建筑的完美统一。

人民大会堂由万人大礼堂，5 000个座席的宴会厅和人大常委会办公楼3个主要部分组成，建筑面积171 800平方米，体积为1 596 900立方米。大会堂拥有各种现代化的设备，光是在顶棚、地下和四周墙壁安装的声、光、电、空调和水暖等设备，就有1 000多个大小工程项目。各大厅、会议室和办公室的温度和湿度，都可通过电动遥控随时加以调节。万人大礼堂内的每个座位都装有扩音小喇叭，每个座位上都可以清晰地听到主席台上的发言。在代表席上，有能同时翻译12种语言的译意风，通风和照明设备也很完善。尤其使人惊奇的是，如此巨大的礼堂，中间竟没有一根立柱，站在会堂的任何一个地方，都可以看到全会场，视野十分开阔。这样的设计对会堂的结构设计提出了极高的要求。

如此宏大的工程，建筑预期只有10个月，这在中外建筑史上尚无先例。为了保证工程设计、施工的安全性，周恩来总理指示北京市人民委员会于1959年2月邀请国内建筑专家37人，结构专家18人来京审查鉴定，周总理点名让茅以升担任结构审定组组长。

大会堂的建设此时正在紧张进行，但经专家组的调查实验，发现原有结构设计，尚有欠妥之处，特别是在宴会厅及大礼堂吊台等处，结构有效载荷的分布还不均衡。如何解决这些难题呢？工程如箭在弦上，几天来，茅以升和专家组的成员为此食不知味，睡不甘眠，为每一个问题都绞尽脑汁，力图拿出最好的修改方案来。

这天夜里，茅以升正在房间里仔细核算一个工程数据时，电话铃突然响了起来，原来是周总理来电话了。总理告诉茅以升：考虑结构安全，一定要把地震因素考虑进去。清朝康熙十八年（1679），北京地区发生了强烈地震，连康熙皇帝也搬出大殿在帐篷里住宿。万人大礼堂屋顶的空间跨度极大，如不能抗震，后果不堪设想……放下电话，茅以升心情更加沉重："总理日理万机，还注意到了这样的细节。自己作为结构审定组的负责人，一定要兢兢业业，把大礼堂的结构问题处理好，才对得起党和人民。"

接下来的日子里，茅以升率领结构审查组，对人民大会堂的所有工程结构，一一作了严格细致的复查，对原有设计的不妥之处也做了精心而完善的修改及补充。当审查报告书送呈总理时，周总理仔细审阅，并一再询问大会堂和宴会厅的安全程度，最后，总理要求："请茅以升组长签名保证。"

茅以升奉命对审查组报告再次核算，在报告书上郑重签名保证：

周总理大鉴：

遵嘱，我奉命对报告书再次核算。在保证材料和施工质量及使用期间作经常检修的情况下，大会堂和宴会厅的安全是可以保证的。

此致

敬礼

茅以升

1959年3月6日

规模宏大，设备现代化，充满高度艺术性的人民大会堂，从1958年10月破土动工到1959年9月胜利竣工，前后只用了10个多月时间，创造了我国建筑史上的奇迹。施工过程中，先后有18个省市7 000多名建筑工人参加了建设工作；在大会堂的设计中，全国各地建筑专家先后提出84个平面方案和89份平面图纸，经过多方比较和反复研究修改，最后才制订出一个方案，设计中，既大胆创造，又吸取了古今中外建筑史上的精华。工程的建设者们在这个雄伟建筑中所积累的经验，为我国以后更大规模的建设创造了有利条件。

大会堂建好了，该取一个什么样的名字呢？总理带领专家视察这座壮丽大厦，他向大家提出了这个问题。有人建议叫"人民宫"，有人建议称"共和宫"，也有称"首都会堂"的。茅以升斟酌良久，对总理说："总理，我建议叫做人民大会堂。"

周总理眼睛一亮："人民大会堂？嗯，这个名字取得好，我要向主席汇报，由他最后确定。"

9月26日夜，周总理陪同毛主席视察人民大会堂时，汇报了取名设想，毛主席当即说"人民大会堂，这个名字很好，可用。"

9月28日、29日，在新落成的人民大会堂里召开庆祝新中国成立10周年大会，首次使用容纳万人的大礼堂，一切状况良好。9月30日晚7时，我国领导人和50多个国家代表团成员及国内各界来宾共计5 000余人，在宴会厅参加了空前盛大的宴会。作为大会堂建筑功臣的茅以升，也应邀出席了庆祝会和宴会。坐在金碧辉煌、宽敞明亮的大厅里，一股自豪之情在茅以升心中油然涌起："祖国，只有伟大的祖国，才能创造出这人间的奇迹！"

三、铁道科技事业的开拓者

1950年，茅以升被任命为铁道技术研究所（后改为研究院）所长，从此，他在这个岗位上一直工作了32年之久。当时，全所只有60人，4个研究组，只能从事一些实验工作。但茅以升却不计较单位大小，职位高低，他想的只是要发展铁路运输事业，就必须发展铁道科学技术。作为一门内容复杂、理论高深的综合性技术科学。他一方面主持院务，集中北京、唐山、大连的科研力量，建立北京基地，制订各项制度和发展规划，开拓内外关系；另一方面以研究院为基地，研究科学管理、科研方针、中国铁路建设与铁路科研的关系，进一步发展了它的教育、生产、科研相结合的思想。这一期间，他先后发表了20多篇论文和文章，如《科学研究的组织和体制问题》《我国铁路科学研究的远景》等，系统阐述了科学与生产、基础科学、技术科学与生产技术之间的关系，并以此指导铁道科学研究院的工作。

1956年，在编制铁道科技发展规划时，茅以升站在铁道科技事业发展的高度，做出了要把铁道系统中的全部科学力量组成全国性的系统科学工作网，使铁道科学院成为整个铁道科研力量的核心和全国科研工作的一个有机组成部分。茅以升注重科研成果向实际生产力的转化，他主持制订的1956、

1963、1977年铁道科学院研究远景规划都是"针对运输生产建设的技术关键，选定铁路发展中的重大、综合、长远、理论方面的课题，引进、消化国外先进技术，解决铁路现代化的各种科学技术问题"的。他常对铁道科技院的技术人员说："要从生产中来，到生产中去，科研工作投入少，产出高，在国家建设中起着重要作用，我们必须十分注意这一问题。"

为使科研多出成果，茅以升还想方设法筹集经费，加速铁道科学院的基础设施、实验手段和后备队伍的建设。20世纪50年代，他主持北京西郊基地建设，建立了一批装备先进的实验室和实验基地，建成了亚洲唯一的一条环行铁路试验线；20世纪60年代初，在实验线上装备了电子计算机，开创了我国计算机在铁路应用的先例；20世纪70—80年代，茅以升还积极支持具有国际先进水平的大型结构实验室的建设。由于具有雄厚的科研实力，20世纪80年代初，铁道科院成为国务院批准的首批具有硕士、博士学位授予权的单位，茅以升以80岁的高龄，还亲自招收研究生。

在茅以升的领导下，经过全院职工的艰苦努力，到1980年，铁道科学研究院已拥有科技人员1827人，有1个研究所，1个实验工厂，1个环行铁道试验段；30多年共取得1 800多项研究成果，其中的60%在实际生产建设中发挥了作用，对国家发展作出了重要贡献。称茅以升为我国铁道科技事业的开拓者是一点也不为过的。

尾　声

1989年11月12日15时，一代建桥大师茅以升走完了他一生长长的征程，在京溘然长逝，终年94岁。

消息传开，国内外科技界为之震惊和惋惜，唁电和唁函，如雪片般从五洲四海飞往北京。唁电和唁函，有来自中外各界知名人士的；也有来自中外著名学术团体的；有来自普通群众的；也有来自远方中小学的青少年朋友的。人们痛感中国科技界失去了一颗巨星，受过茅以升教诲的学生们，更是感到宗师走后留下的空白。

首都的各大报纸，均在头版登出茅以升的大幅照片和讣告，在各种报刊上发表的悼念茅以升的文章数以百计。

11月27日，在北京八宝山革命公墓，隆重举行了茅以升的遗体告别仪式。党和国家重要领导及首都各界1 000多名代表出席仪式，向著名的桥梁专家、教育家、杰出的铁道科技工作者和社会活动家茅以升同志的遗体告别并敬送花圈。首都青少年代表也参加了吊唁仪式，送来了他们亲手制作的10个纸花圈，每个花圈上面写着一个字，合起来是"茅爷爷我们永远怀念你"。

在茅以升的骨灰盒上，女儿嵌上了一张"钱塘江大桥"的照片，气贯长虹的大桥，是他一生的追求和写照。树高千丈，叶落归根，敬爱的茅以升，静静地安息在自己的故土——镇江，北宋大科学家沈括的纪念馆——梦溪园里。

　　在90多年的生命历程中，茅以升为祖国建造了钱塘江大桥、武汉长江大桥等一大批重要工程，他同时又是我国土木工程学界和铁道科技事业的开拓者；他是一个突出的社会活动家，为祖国统一大业和繁荣昌盛作出了突出的贡献；他还是个作家，他的一生，总共为人民留下了400多万字的科技著作和科普著作。是什么使茅以升在人生中取得了如此辉煌的成就呢？也许正如茅以升自己所说：

　　"人生一征途耳，其长百年。我已走过十之七八。回首前尘，历历在目。人生之路崎岖多于平坦，忽似深谷，忽似洪涛，幸赖桥梁以渡。桥何名欤？曰奋斗。"

世界五千年科技故事丛书

世界五千年科技故事丛书